AF450854

BASES

DE

L'ADMINISTRATION MARITIME.

BASES

DE

L'ADMINISTRATION MARITIME,

OU

Projet pour l'amélioration de cette partie, proposé, au Gouvernement, par M. le Baron Lescallier, Commandeur de la Légion-d'Honneur, ancien Conseiller d'État et Préfet Maritime, etc., etc.

A migthy maze, but not without a plan.

A PARIS,

Chez FIRMIN DIDOT, Imprimeur du Roi, de l'Institut, de la Marine, et Libraire, rue Jacob, N° 24.

1819

AVANT-PROPOS.

Une carrière de plus d'un demi-siècle au service de ma patrie, dans le département maritime, m'ayant mis dans le cas de voir avec avantage, dans des positions favorables, et avec des moyens plus qu'ordinaires, les différents pays maritimes, et les établissements les plus intéressants des deux hémisphères, j'ai pensé devoir au Gouvernement de mon pays le tribut de mes réflexions, et les résultats de mon expérience, sur cette branche importante, avec l'espoir de voir adopter et mettre en pratique ce qu'on y trouvera de bon et d'utile.

Les hommes même du métier pourront y voir des idées qui sortiront de la marche accoutumée, et qui leur paraîtront choquer et contredire des pratiques consacrées par l'usage : je leur demande seulement de prendre le temps de consulter et de réfléchir avant de condamner d'un ton péremptoire.

Le premier qui a dit aux hommes que la terre tournait, a paru, à la plupart de ses contemporains, un faiseur de contes absurdes ; et il a fallu des années pour persuader à la multitude qu'il avait raison. Je ne prétends pas annoncer des propositions aussi neuves, mais je me flatte de présenter à la considération des gouvernants, quelques vérités importantes et dignes d'être prises en considération.

La plupart des personnes qui écrivent ou qui ont écrit sur la Marine, n'ont semblé s'être attachées qu'à l'organisation du corps militaire, et au service des ports et arsenaux de la Marine. Osons prendre un plus grand essor, et montrer que ces deux articles, tout essentiels qu'ils sont pour la défense et la protection, ne sont néanmoins qu'un accessoire aisé à régler et à fixer dans le plan de ce beau département, dont les branches sont si diverses et si étendues. Il faut pour cela n'avoir les préjugés d'aucun corps, d'aucun état ou profession, en particulier; et ne porter nos regards que vers le bien général et la gloire de la Nation.

Quoiqu'il y ait lieu d'admirer la Marine anglaise, quant à sa constitution, à son administration intérieure, et à la plupart de ses usages et de ses moyens, on n'a ici nullement songé à se modeler sur elle : notre manière d'être et nos habitudes rendraient impossible un rapprochement parfait : nos mœurs et nos coutumes diffèrent , notre position géographique n'est pas semblable ·à la leur. Londres est un des plus grands ports de l'univers , avec la plupart des chantiers royaux à sa portée ; Paris est une ville intérieure, située à une grande distance de nos principaux ports d'armements. Le commerce maritime est presque tout pour l'Angleterre ; il n'est qu'un accessoire dans la vaste combinaison des affaires du Royaume de France.

Ainsi , quand la constitution anglaise d'Amirauté et de Marine serait la meilleure possible pour eux, elle ne le serait pas pour nous. D'ailleurs, en cherchant à imiter un excellent modèle , il est toujours permis et louable de penser à faire mieux; et si on n'a pas cette ambition, on reste fort au-dessous.

Il suffirait de citer l'institution de l'inscription maritime (jadis appelée *les classes*), bien plus susceptible de concilier le besoin d'avoir des hommes pour la guerre , avec la liberté des peuples, que le moyen de la presse employé par les Anglais ; cela suffirait, dis-je, pour montrer un article très-essentiel , dans lequel on peut différer de ces maîtres usurpateurs de l'univers, en fait de Marine et de commerce maritime.

On présume que ce mémoire, dicté par esprit

de zèle et de patriotisme n'a rien qui doive légitimement offenser personne : cependant, en supposant même la justesse de ses idées, ce ne serait pas une raison pour qu'il ne trouvât pas de contradicteurs. Il y a tant d'hommes qui ne voient dans les projets relatifs à la chose publique, que la chose qui leur est personnelle !

Il suffit, d'ailleurs, de n'avoir adopté les préjugés et les habitudes d'aucun corps et d'aucune classe, même les passions d'aucun parti, pour trouver dans tous à qui déplaire. On desire, sur le tout, un mûr examen de la part du Gouvernement si zélé pour la gloire de la Nation, et pour le prompt rétablissement de l'ordre dans toutes les parties de cette vaste machine, dans laquelle les rouages que tient le Ministre de la Marine et des Colonies ont plus d'influence et d'effet qu'on ne leur en attribue ordinairement.

On n'a posé ici que les bases principales sur lesquelles on pense que ce grand édifice doit être construit : d'habiles architectes en éleveront la structure, et lui donneront le fini dans tous ses membres.

On ne demandera pas d'être excusé sur la négligence du style, sur le peu de temps qui a été employé à la rédaction de ce mémoire, sur le

manque de loisir, excuses bannales et auxquelles
on a raison de ne pas avoir égard. On se bor--
nera à représenter que l'on a cru utile, urgent
et essentiel d'offrir des vues pour un Département
ment qui concourt très-sensiblement à l'avancement du commerce, aux débouchés de l'industrie
nationale et de l'agriculture, et par conséquent
qui importe infiniment à la prospérité de la
France et au bonheur du peuple.

Il sera peut-être trouvé agréable de voir présenter ces vues avec l'espoir d'une assez grande
diminution dans les dépenses, au lieu de celles
qui ont lieu suivant les formes actuelles, si com-
pliquées et si coûteuses.

Il ne sera pas inutile de mettre le lecteur à
portée de comparer le régime de la Marine anglaise, que l'on admire pour sa simplicité et sa
constance, avec ce que nous proposons ici : elle
doit en grande partie ses précieux avantages à sa
position géographique, et en partie au caractère,
aux mœurs et aux usages de ses habitants. Vouloir rapporter notre constitution maritime, à la
lettre, sur celle des Anglais, serait un projet impossible, soit parce que les établissements de
commerce maritime ne sont chez nous ni aussi
vastes ni aussi nombreux, ni aussi complettement

organisés, soit parce que les connaissances maritimes ne sont pas à beaucoup près aussi généralement répandues chez nous, et pour bien d'autres causes.

Cependant on pourra trouver avantageux, après avoir examiné les détails de l'administration maritime de l'Angleterre, de s'en rapprocher dans tous les cas où notre situation peut s'y prêter.

CHAPITRE PRÉLIMINAIRE

ET DÉTACHÉ.

Exposé *succinct des formes d'administration de la Marine d'Angleterre.*

ARTICLE Ier.

CONSEIL OU BUREAU D'AMIRAUTÉ.

Les sept Lords-Commissaires de l'amirauté remplissent (comme on le sait) collectivement les fonctions du Lord grand-amiral, charge qui a été supprimée depuis les révolutions d'Angleterre. Le premier de ces Commissaires, désigné par le Roi, remplit les fonctions de ministre de la marine : on ne l'appelle pas ministre, mais premier lord ou premier commissaire de l'amirauté.

C'est de ce conseil qu'émanent toutes les décisions, les ordres et les opérations, soit de guerre , soit des arsenaux ; et même ce conseil a la grande inspection sur les objets relatifs à la police de la navigation, à la partie judiciaire et aux tribunaux maritimes : c'est ce conseil qui nomme aux emplois, tant militaires que civils, et de judicature maritime.

Ce bureau tient ses séances à Londres, dans un beau local appelé Hôtel de l'Amirauté : c'est aussi à Londres que sont établis tous les bureaux de la Marine.

Il résulte de cet arrangement une étonnante simplicité, une direction unique et prompte, et beaucoup de justesse dans les combinaisons, avec une singulière force d'exécution.

Avec une étendue de pouvoirs qui ne laisse aucun conflit de jurisdiction , les Commissaires de l'amirauté n'ont cependant pas le droit de rien changer aux lois et ordonnances maritimes, qui subsistent depuis un temps considérable ; ils ne le peuvent que par l'intervention du Parlement.

Ils n'ont rien à voir dans l'administration des colonies, si ce n'est la nomination aux emplois, et la direction des objets qui concernent la marine, dans ces établissements lointains. L'administration et direction supérieure des colonies est confiée à un bureau de commissaires des colonies (*commissioners of plantations*).

Le premier Lord-Commissaire de l'Amirauté a pour appointements 3ooo liv. sterling ; les six autres chacun 1ooo liv. Il y a un premier secrétaire, un second secrétaire, et dix-neuf commis attachés à ce secrétariat, avec un interprète de la langue française ; le tout ne coûtait pas tout-à-fait 12,ooo liv. sterling, et je crois que la chose existe encore au même taux.

ARTICLE II.

COUR JUDICIAIRE D'AMIRAUTÉ.

La cour judiciaire d'amirauté est composée d'un juge, d'un avocat du roi, d'un avocat de l'amirauté, d'un conseiller, d'un procureur ou solliciteur, et de quelques gradués. La plus forte partie de leurs traitements consiste dans les émoluments attachés à l'expédition des affaires. Cette cour judiciaire détache, en temps de guerre, pour embarquer sur les grandes escadres ou armées navales, un de ses membres sous le titre de *Judge-Advocate*, espèce de rapporteur des conseils de guerre, ou cours martiales maritimes, avec un lieutenant de juge ou adjoint. L'un de ces officiers a, dans ces cas, dix schellings de vacation par jour, et l'autre huit.

Cette cour judiciaire coûte en temps de paix 926 liv. sterling, et en temps de guerre 1326 livres.

Il y a de plus deux charges civiles attachées à la cour d'amirauté, sous les titres de vice-amiral et de contre-amiral d'Angleterre. Ces charges sont ordinairement données à des officiers généraux de la marine. Elles sont plutôt honoraires que d'une activité réelle, autre qu'une sorte d'inspection sur les juges d'amirauté.

ARTICLE III.

BUREAU DES TROUPES DE LA MARINE.

Les premier et second secrétaires de l'amirauté sont les premier et second chefs de ce bureau des troupes, avec des suppléments. Deux commis composent tout ce bureau, qui en totalité ne coûte que 710 liv. sterling. Il y a de plus, un payeur et un agent, qui ne sont pas payés par l'état, et pour qui ce travail est une affaire de banque et de courtage. Ce bureau est situé dans l'hôtel même de l'amirauté.

ARTICLE IV.

BUREAU DE LONGITUDE.

Dans le même hôtel est le bureau des commissaires de la longitude, qui a un secrétaire.

Il y a de plus trois messagers ou garçons de bureau, un porte-faix ou commissionnaire, une femme-de-charge, une femme concierge, trois gardiens, et un jardinier, attachés à l'hôtel de l'amirauté.

En y ajoutant un inspecteur des réparations de l'hôtel

et des bâtiments civils de l'amirauté, ou espèce d'architecte, qui a 3o livres sterling par an , cette partie
coûte 42o livres sterling.

ARTICLE V.

BUREAU DES FONDS ET DU TRÉSOR DE LA MARINE.

Le bureau du trésor et des fonds de la marine, est
composé d'un trésorier, payé à 4ooo livres sterling ;
d'un caissier, à 5oo livres ; d'un second caissier, pour
la paie des marins, qui a 4oo livres par an ; de deux
autres caissiers, résidant à Londres, qui dépendent de
ce bureau, deux à Chatham, deux à Portsmouth et
deux à Plymouth. Il y a sept commis attachés à ce bureau ; lequel coûte, tout compris, en appointements
annuels 714o liv. sterling en temps de paix, et 7491 liv.
en temps de guerre.

Le bureau de la marine, et des ports et arsenaux, a
pour l'objet des fonds, un caissier, un commis et cinq
teneurs de livres ou copistes, qui coûtent, ensemble,
1432 livres sterling.

Le bureau du trésor, relatif à la partie des vivres de
la marine, a un caissier, un commis et quatre teneurs
de livres ou copistes : le tout occasionne une dépense
annuelle de 1253 livres.

Le bureau des comptes a un chef de bureau comp-
table, et huit commis, qui coûtent, en totalité, 1592 liv.
sterling.

Le bureau pour la vérification des testaments et pro-
curations des marins, est composé de deux commis,
qui reçoivent, ensemble, 45o livres d'appointements.

Le bureau des conduites et dépenses accidentelles
consiste en un commis, à Londres, payé à 2oo livres

sterling ; un dans chaque port de Portsmouth, Plymouth et Chatham, payés à 150 livres chacun ; un concierge, un gardien des registres et de bureau, six messagers, un porte-faix, deux gardes et un patron de canot,
qui coûtent, ensemble, 1388 livres.

Ainsi la totalité de ces bureaux, relatifs au trésor et
aux fonds et dépenses de la marine, dont les opérations
se font à Londres, en y comprenant les commis et caissiers détachés aux trois ports et chantiers principaux,
occasionnent une dépense annuelle de 13,626 livres
sterling en temps de guerre.

C'est de ces bureaux qu'émanent tous les paiements
et tous les comptes de la marine ; d'où résulte une grande
simplicité, établis comme ils sont à Londres, dans un
centre commun avec l'amirauté et avec tous les autres
bureaux relatifs à la marine.

ARTICLE VI.

BUREAUX DE LA MARINE.

Les autres bureaux de la marine, sont au nombre
de six principaux, dont chacun est présidé par un
commissaire de la marine, ayant chacun sous leurs
ordres un certain nombre de commis.

L'un de ces bureaux est le contrôle.

Le second, est le bureau général d'inspection de la
Marine.

Le troisième, est le bureau des actes.

Le quatrième, est pour la vérification des comptes du
trésor et pour l'expédition des billets.

Le cinquième, pour le contrôle des vivres.

Le sixième, est chargé des comptes des magasins, à

quoi on ajoute trois autres Commissaires ou Chefs de bureaux, chargés chacun de détails particuliers. La totalité de ces bureaux, y compris les garçons de bureaux, les messagers, les logements en argent et autres accessoires, etc. coûtent annuellement une somme de 13695 livres sterling.

ARTICLE VII.

ADMINISTRATION DES PORTS ET ARSENAUX.

Les ordres partent directement de l'Amirauté pour les ports et arsenaux, et les chantiers de Marine.

Ceux de *Deptford*, tout auprès de Londres, et de *Woolwich*, à trois lieues plus bas sur la Tamise, étant moins considérables, et très-à portée de la surveillance immédiate des Lords de l'Amirauté, ont un moindre établissement, que les autres. Cet établissement consiste, pour Deptford, en un officier appelé *Clerk of the cheque*, espèce de commissaire ou contrôleur, un garde-magasin, un maître-constructeur, deux aides de ce constructeur, dont un est maître-calfat, un commis de revue et d'inspection, un maître de port, un maître d'équipage, un pourvoyeur, un chirurgien, un porte-faix et un messager ; en tout douze personnes, dont les appointements, réunis, montent à 1516 liv. sterling.

A Woolwich, il y a de plus un écrivain de la corderie, et un maître-cordier; ce qui en fait monter la dépense annuelle à 1675 livres sterling.

Le chantier et arsenal de Chatham est dirigé par un commissaire résident, qui a aussi sous ses ordres le *Clerk of the cheque*, qui dirige le chantier et arsenal de *Sheerness*, très-à portée de lui, sur la même rivière de *Medway*, à son embouchure dans la Tamise.

Ce Commissaire résident, a tout sous ses ordres, et tous les employés de ces chantiers lui rendent compte, comme lui à l'Amirauté. Il a pour appointements 500 liv. sterling, et 12 liv. pour frais de bureau et chauffage.

Outre les mêmes employés désignés à l'article de Deptford, il y a à Chatham, comme à Woolwich, un Commis de la Corderie et un Maître Cordier, et trois Commis.

Le port de Sheerness, sous les ordres du Commissaire résident de Chatham, est dirigé, comme je l'ai dit, par un *Clerk of the cheque*, qui a sous ses ordres un Garde-Magasin, un Contrôleur, un Commis de revue et inspection, un Maître de port, un Aide - Constructeur, qui est en même temps Maître - Calfat, un Maître d'équipage, un Chirurgien et un Porte-Faix; en tout neuf personnes, qui coûtent annuellement 1025 liv. sterling.

Les Ports de Portsmouth et de Plymouth, établis comme celui de Chatham, en Officiers et employés, coûtent chacun 2642 livres sterling.

Celui de Portsmouth a, de plus, une École de Marine, dont le Commissaire résident est Gouverneur ou Directeur, avec quatre Maîtres; ce qui porte la dépense de cette École à la somme de 570 liv. sterling.

ARTICLE VIII.

OBSERVATIONS GÉNÉRALES SUR CETTE ADMINISTRATION.

Dans les Ports et Arsenaux d'Angleterre, un Chef suprême dirige tout: chacun obéit à ce Chef, et chacun a aussi autorité entière sur les subalternes établis pour le seconder dans la partie qui le concerne; ainsi, le Constructeur a deux Aides, ou plus, dont chacun est appliqué à la construction d'un bâtiment, en est chargé entièrement, et en rend compte. Chacun de ces Aides-Constructeurs a à ses ordres autant de Contre-Maîtres, ou Chefs d'ouvriers, qu'il y a de fois vingt-cinq ouvriers. Par-là, la subordination est exacte, la surveillance claire, et la responsabilité sûre et précise.

Il en est de même du Garde-Magasin, qui a sous ses ordres autant de Gardiens et Commis de magasins qu'il est nécessaire pour lui rendre compte, comme lui rend compte exactement au Chef, ou Commissaire résident.

Le service du Port, si compliqué en France sous le titre de Direction des Mouvements, est ici rempli par un seul Maître de Port (*Master attendant*) et un Maître d'équipage. S'il survient des mouvements, une escadre entière à mouvoir, ou à sortir de l'arsenal, le Maître de Port donnant ses ordres, aurait en ce cas, autant de Pilotes ou d'Officiers Mariniers qu'il y aurait de bâtiments à conduire.

Lorsqu'il y a des munitions ou marchandises à recevoir sur les lieux (ce qui n'est guères que pour les bois et les chanvres), on appelle le Contrôleur, le Garde-Magasin et le Constructeur, avec un Maître Charpentier pour les bois : pour les chanvres, on appelle à la recette le Contrôleur, le Garde-Magasin, l'Écrivain de la Corderie et le Maître Cordier.

La comptabilité des Ports est simple, ou plutôt presque réduite à rien, par la correspondance journalière avec les bureaux de Londres : les états de journées d'ouvriers étant envoyés à Londres, il se détache un Commis du Bureau des fonds de Londres, pour aller payer dans les ports les plus voisins : quant au paiement des appointements, les sommes nécessaires sont envoyées de même tous les deux mois à chaque chantier.

Dans les ports plus éloignés, qui sont Portsmouth et Plymouth, sur l'envoi de l'état des journées d'ouvriers, on fait passer la somme au Caissier qui dépend du bureau des fonds de Londres : ce Caissier paie les ouvriers *à la banque*, en présence des Officiers préposés à cette administration, et l'état signé d'eux, est renvoyé de suite à Londres, et y est porté en compte et en dépense, sans autre formalité.

Les certificats de fournitures sont de même envoyés à Londres , pour être soldés au bureau principal des fonds.

Une circonstance qui simplifie encore le travail de cette administration et sa comptabilité, c'est que beaucoup d'ouvrages qui exigent en France divers petits ateliers, et autant de Maîtres et seconds Maîtres, avec un grand nombre d'ouvriers à la journée , qui sont le plus souvent une charge inutile, ou du moins susceptible de beaucoup de négligence, d'abus et de non-valeurs , ces ouvrages, dis-je, se font en Angleterre à l'entreprise.

Les établissements particuliers, et les ateliers relatifs à la Marine, sont si nombreux et si considérables à Londres, des deux côtés de la Tamise , pendant un espace de deux lieues, qu'on y trouve à l'instant les moyens de se procurer tous les objets nécessaires à l'armement des vaisseaux : un nombre d'ateliers de Forgerons, de Fondeurs, de Poulieurs, Tourneurs, Voiliers, Cordiers, Avironniers, Mâteurs, Boulangers, etc., travaillent à l'envi les uns des autres, et avec beaucoup de perfection et de vastes moyens. Les ports de la Marine militaire sont fournis de la plupart des objets de détail, tout faits, sans s'inquiéter de leur fabrication.

On conçoit aisément quelle simplification résulte de cette multitude de moyens et d'établissements de commerce particuliers. On ne peut pas se flatter en France des mêmes avantages.

On fait même construire en Angleterre de gros vaisseaux de guerre à l'entreprise, dans des chantiers appartenant à des particuliers, et pourvus comme des arsenaux de Marine militaire : on établit, pour suivre ces entreprises, un surveillant sûr et assidu, qui réside sur l'endroit où se fait la construction, et qui en rend compte journellement au Chef de qui il dépend.

Les Lords-Commissaires de l'Amirauté visitent et inspectent souvent ces chantiers et arsenaux de Marine. Une marée les porte à celui qui est le plus éloigné sur les bords de la Thamise. Celui de Portsmouth n'est qu'à vingt-cinq lieues. Celui de Plymouth, le plus éloigné de Londres, en est à quatre-vingt lieues.

On voit, par ces dispositions, que le travail de comptabilité et de bureaux est tout exécuté à Londres, sous les yeux et à portée du Conseil d'Amirauté, que les détails sont distribués entre un nombre de Commissaires Chefs de bureaux, chacun dirigeant supérieurement une partie limitée et réglée de cette besogne, ayant à leurs ordres le petit nombre de Commis et d'Employés nécessaires, et rien de plus.

Il en est de même de la partie des vivres, qui est en régie et se fait par économie, divisée en sept bureaux, sous sept Commissaires, ainsi que je l'expliquerai ci-après plus en détail.

ARTICLE IX.

ADMINISTRATION DE MARINE DANS LES PETITS PORTS EXTÉRIEURS ET LES COLONIES.

Dans les petits ports, comme *Deal*, *Harwich*, *Leith*, *Kinsale* et *Gibraltar*, l'Amirauté entretient un Officier également de l'état civil, qu'ils nomment Officier Naval, espèce de Commissaire, ou Agent maritime, faisant au besoin en même temps les fonctions de Garde-Magasin. Ces ports leur coûtent ensemble 967 livres sterling.

A *Antigue*, l'une des îles de l'Amérique que leurs escadres fréquentent, en temps de guerre sur-tout, ils entretiennent un Officier Naval, deux Commis, un Constructeur et un Maître de port, dont les appointements montent ensemble à 620 livres sterling.

Ils ont à la Jamaïque, à-peu-près le même établissement relatif à la Marine, qui coûte en totalité 690 livres sterling.

A *Halifax*, dans la nouvelle Écosse, Amérique septentrionale, l'Amirauté entretient un Commissaire pour la Marine, qui est payé à raison de 500 livres sterling d'appointements, et 500 livres de supplément, à cause de la plus grande dépense coloniale ; il a à ses ordres deux Commis, un Garde-Magasin, un Maître Constructeur et un Maître de port : la totalité de ces appointements fait une somme de 1940 livres sterling.

ARTICLE X.

INVALIDES DE LA MARINE.

Comme l'établissement relatif aux Invalides de la Marine, n'est pas le même en Angleterre qu'en France, il ne sera pas hors de propos d'en faire ici quelque mention.

Outre les fonds de la Maison de Trinité, et ceux de bienfaisance particulière, il y a un Hôpital-Royal pour les Marins invalides, à *Greenwich*, où l'État entretient deux mille et quelques cents pensionnaires, sous une Administration complète et séparée.

Cette Administration est composée des principaux Ministres d'État, qui en sont les Gouverneurs nés, de vingt-quatre Directeurs gratuits, et enfin, d'un Officier-Général de la Marine, qui en est le Gouverneur actif, ou *Master.* Cette Administration coûte 5807 livres sterling par an.

Les fonds et donations destinés à assurer ainsi des ressources à tous les Marins mis hors d'état de servir, soit par vieillesse, infirmité, maladie ou blessures, consistent principalement, 1.° dans les revenus du parc de Greenwich et dépendances, qui était autrefois une Maison Royale ; 2° en une contribution de six deniers par mois, sur la paye de tous les Marins, soit des vaisseaux du Roi, soit des bâtiments du Commerce. Les retenues se font au désarmement des vaisseaux du Roi, dans les bureaux de Londres ; et les sommes sont versées dans une caisse appelée *Caisse de Chatham.*

Pour les vaisseaux marchands, la retenue de cette contribution se fait dans un bureau séparé, établi à Londres, composé de trois Commissaires, dont l'un est receveur, avec deux Commis; un autre est chargé de la tenue des comptes avec un Commis, et le troisième est Contrôleur avec un Commis. Un autre Commis, dépendant de ce même bureau, est chargé de tenir note à la douane de l'arrivée des bâtiments, relativement à cette recette de fonds pour les Invalides.

Ces divers employés, avec un Concierge et un Messager, coûtent ensemble 870 livres sterling.

Un autre bureau, présidé par deux Commissaires, est chargé de veiller au soulagement des Marins malades, ou blessés. Ce bureau, établi à Londres auprès des autres bureaux de la Marine, coûte par an 2035 livres sterling.

ARTICLE XI.

RÉGIE DES VIVRES.

Le Gouvernement anglais a trouvé cet objet susceptible d'une très-grande économie, en le faisant régir sous les yeux du Conseil d'Amirauté.

La situation de Londres, l'un des plus grands ports et des mieux pourvus de l'univers entier, facilite singulièrement un tel arrangement. Le bureau des vivres y trouve des moyens assurés de faire son service en tout temps. Les Commissaires des vivres n'ont besoin que de faire afficher, et annoncer dans les papiers publics une adjudication, ou fourniture de vivres et munitions de bouche, pour telle époque, et en telle quantité : ils sont certains de trouver un nombre de concurrents qui s'empressent de fournir, et ils ne peuvent manquer d'obtenir les objets aux prix les plus modérés et les plus courants du commerce.

On n'aurait pas, à beaucoup d'égards, en France, et sur-tout à Paris, les mêmes facilités. La réussite d'un pareil établissement tient peut-être aussi en grande partie au caractère de la nation, aux mœurs et à l'instruction du peuple.

Les bureaux des vivres sont au nombre de sept, dont chacun est présidé par un Commissaire.

Le premier de ces bureaux est chargé de toute la dépense des fonds relative aux vivres ; il a, outre ce Commissaire, qui en est le Chef, trente-un employés, entre lesquels le travail est réparti. Les appointements montent ensemble à 2145 livres sterling par an.

Le second bureau est le Contrôle des comptes des magasins des vivres : il a trente-six Employés, outre le Commissaire, y compris un Messager. Les appointements s'élèvent ensemble à une somme de 2675 livres sterling.

Le troisième bureau, chargé du soin des barques, des transports et des mouvements des vivres, est régi par un Commissaire, avec quatre Commis, trois Maîtres d'équipages, ou Patrons de barque, et coûte en totalité 835 livres sterling.

Le quatrième bureau est chargé de la brasserie. Il a, outre le Commissaire, un Commis de la brasserie, deux autres Commis, et un Maître brasseur : les appointements forment un total de 665 livres sterling. Il faut observer que le Maître brasseur n'a point d'appointements fixes ; il est payé par un émolument proportionné au travail qui se fait.

Le cinquième bureau est chargé de la boucherie et des salaisons ; il est composé du Commissaire, d'un Commis de la boucherie, d'un second Commis, et d'un Maître Boucher. Les appointements s'élèvent en total à la même somme de 665 livres sterling.

Le sixième bureau a pour district les légumes et provisions sèches. Le Commissaire qui le dirige a sous ses ordres deux Commis, un Maître meûnier des moulins du Roi, et un autre Commis attaché à ce Meûnier. Les appointements de ce bureau font ensemble une somme de 745 livres.

Le septième et dernier bureau des vivres est chargé de la tonnellerie et des barillages. Il est présidé par un Commissaire, qui a sous ses ordres un Maître tonnelier, avec deux Commis, un Agent des vivres chargé du magasin de Deptford, avec trois Commis et un journalier. Le tout coûte en appointements 1015 livres sterling par an.

Ces bureaux dirigent, absolument et sans exception, tout ce qui concerne la partie des vivres, laquelle n'est aucunement mêlée avec le reste des bureaux de la Marine. Ils ont, dans chacun des ports d'armements, un Agent, ou Directeur des vivres, un Garde-Magasin, un *Clerk of the cheque*, et un Maître tonnelier. Ces établissements, détachés du bureau principal, sont à Portsmouth, à Chatham, à Douvres, et à Gibraltar, et coûtent en appointements, (les quatre ensemble) 1896 livres sterling par an.

ARTICLE XII.

RÉSUMÉ ET RÉFLEXIONS GÉNÉRALES SUR L'ADMINISTRATION ANGLAISE, COMPARÉE AVEC LA NÔTRE.

Voilà en quoi consiste toute l'administration intérieure ou civile de la Marine d'Angleterre, comprenant les frais de bureaux et d'administration de l'Amirauté, les dépenses judiciaires, les bureaux des troupes, des fonds, de la solde des Marins, et des officiers de la Marine, des armements et désarmements, l'administration des ports et arsenaux et chantiers de construction, les établissements de Marine dans les ports lointains et les Colonies.

La dépense de ces frais d'administration (en n'y comprenant cependant pas celle de l'hôpital des invalides, qui est payé par un fonds séparé,) ne monte pas à beaucoup près à deux millions de francs; et certainement celle qui a lieu dans la Marine de France, pour le même objet, présente un total triple de celui-ci.

Le premier Lord-Commissaire de l'Amirauté, qui, sans avoir le titre de Ministre, en fait les fonctions, ne change pas, à beaucoup près, aussi fréquemment que les Ministres en France; il pourrait cependant être souvent changé, sans que pour cela le système ni les opérations maritimes, ni les réglements, changeassent aucunement, parce que les six autres Lords, ou une partie d'entre eux, subsistent, parce que les mêmes secrétaires et les mêmes bureaux sont conservés pendant vingt, vingt-cinq ou trente ans, qu'il n'arrive, par conséquent, dans cette composition d'administration, que des mutations insensibles ou partielles, qui ne peuvent apporter aucune variation notable; que les mêmes ordonnances subsistent depuis un temps considérable, et qu'on n'y fait des changements que bien rarement, et à mesure qu'ils sont trouvés indispensables.

Les bureaux de la Marine sont tous réunis à Londres, sous les yeux et l'inspection immédiate du bureau d'Amirauté, de même que la plus grande partie des ports de construction et des chantiers; puisque sur six de ces ports, il y en a quatre sur les bords de la Tamise, très-à portée de Londres, et un cinquième, qui n'en est éloigné que de vingt-cinq lieues.

En Angleterre, où tout est Marine, et sur-tout à

Londres, les individus capables de remplir les fonctions relatives à ce service, sont beaucoup plus faciles à procurer : ils n'obtiennent une place, que parce qu'on les a reconnus comme très - capables, honnêtes et expérimentés. En France, on procure une place à un homme, bien souvent pour l'obliger et le favoriser ; en Angleterre on cherche l'homme qui peut le mieux convenir à la place.

Il n'y a point de corps de Commissaires, ni d'Ingénieurs-Constructeurs, ni d'Officiers de port encore moins, ni d'Officiers de santé ; mais il y a tel et tel Commissaire chargé de tel ou tel détail ou bureau, ou de tel port ; il y a le Constructeur de tel ou tel chantier, le Maître de port de tel endroit, le Chirurgien de tel arsenal ou de tel vaisseau, etc.

On est sûr, lorsqu'il vient un emploi de Marine à vaquer, de trouver des hommes capables de le remplir. On prend souvent pour Commissaires résidents des trois principaux chantiers ou port d'armements (qui sont *Portsmouth*, *Plymouth* et *Chatham*), d'anciens Capitaines de vaisseaux, qui rentrent dès-lors dans l'ordre civil (*)

______

(*) Il est à propos de rectifier les idées que l'on peut attacher à ce mot de civil, et de faire entendre, d'une manière raisonnable et bonne, la distinction que l'on fait entre le civil et le militaire ; distinction qui présente un autre aspect en Angleterre, qu'en France par le penchant décidé des Français pour la profession des armes qui donne à l'état militaire un éclat et un renom justement mérité, mais qui, mal-à-propos, fait considérer l'état civil comme dérogatoire et en quelque sorte inférieur.

Or voici le véritable point de vue sous lequel doit être envisagée cette distinction entre le civil et le militaire, et ce point de vue qui est celui des Anglais, ne sera pas contredit par les personnes qui pensent et qui sont sans préjugés d'état ou de profession.

Cedant arma togæ, est un ancien axiòme d'une utilité reconnue, ils en ressortent quelquefois pour reprendre le service militaire; mais cela est rare. Il n'est point de règle que ce soit d'anciens Capitaines de vaisseau, comme il n'est point de règle que ce n'en soit pas, qui remplissent ces places; et en effet, il eût été mal vu de se priver de la faculté de prendre un homme en état de remplir une place de cette importance, par-tout où on le trouve. Ce qu'il y a de certain, c'est que, tant ces Commissaires, que tout ce qui est employé dans les arsenaux, sous leurs ordres, se regardent uniquement de l'état civil; et ce qu'il y a

---

que l'Assemblée nationale constituante avait consacré par ce principe *la force armée est essentiellement obéissante.*

Le Roi est dans l'ordre civil; il en est le chef et le moteur de tout ce qui tient au pouvoir exécutif et au gouvernement : tout cela est civil; les Ministres, les Conseillers-d'État, les Législateurs sont dans l'ordre civil, et c'est de là que partent les ordres et les moyens nécessaires pour la guerre et les préparatifs militaires. Malheur au pays dont le Souverain, au lieu de se considérer comme le premier de l'ordre civil, est essentiellement un guerrier ou un militaire distingué. On a de cela plus d'une grande et fatale expérience.

En un mot (pour abréger une pareille et insipide discussion par une image frappante, et expressive), la tête dans l'homme, le cerveau, le sensorium, est le civil qui dirige les mouvements : les bras, et les autres membres et organes agissants, sont le militaire qui exécute.

Cessons donc des distinctions odieuses et futiles entre des citoyens d'une même patrie concourant au même but de la gloire et de la prospérité nationale, estimons dans chaque partie d'un service commun, ceux qui font honnêtement et franchement leur devoir. Et en accordant le respect et les égards mérités par les braves qui exposent leurs jours et répandent leur sang pour la défense et la gloire de la patrie, considérons et respectons aussi les sages et honnêtes fonctionnaires qui en consacrant leur existence au bien-être de leur pays, et de leurs concitoyens, négligent ou sacrifient leurs propres intérêts à la chose publique et qui dans leur genre ont une autre espèce de courage non moins louable.

de bien apparent aussi, c'est qu'ils n'aspirent point aux prétentions et aux grades militaires, et que, contents de remplir, avec honneur, leurs fonctions civiles, ils n'ambitionnent pas hors de leur sphère ; comme réciproquement on ne voit pas dans ce pays-là les militaires envier, ni jalouser les Officiers civils. Cette manière d'être, qui fait peut-être une partie des causes de la prospérité de la Marine d'Angleterre et la simplicité de sa marche, tient beaucoup aux mœurs, aux usages et aux habitudes de ce peuple.

Ce serait une chimère, ce serait même un faux projet de vouloir établir, à cet égard, une similitude parfaite en France ; notre position géographique, nos localités, notre éducation, nos circonstances politiques, nos préjugés même, s'opposent à une imitation exacte de ce qui a lieu chez nos voisins et nos rivaux.

Beaucoup de choses d'ailleurs peuvent être réglées mieux que chez eux, même en Marine : notre construction est reconnue pour être meilleure, même que la leur et de leur propre aveu : à quoi cela est-il dû ? A ce que le gouvernement prend des soins et fait les dépenses nécessaires pour former des élèves, et pour ne pas livrer aux hasards de l'émulation particulière, ou de l'intérêt, une partie aussi essentielle.

La même marche, de former des élèves et d'instituer des hommes pour le service de l'état, n'est pas moins essentielle dans les emplois d'administration, dont la bonne gestion repose sur une certaine masse de connaissances et d'expériences, et sur-tout sur une exacte probité ; en quoi il serait bien imprudent de s'en rapporter au hasard, dans un pays aussi vaste que la France, dont les ports sont si éloignés du siége du gouvernement, et où il faut dans chaque une administration complète, encore plus que celle qui est auprès du Ministre, et un chef qui puisse mériter la confiance du gouvernement, et qui soit convenablement secondé. On ne peut obtenir en France, à de si grandes distances de l'œil du gouvernement, une administration solidement établie, si on n'a pas une institution qui forme de jeunes administrateurs, et après quelques épreuves, les fasse arriver d'une place moindre à une de plus grande importance.

Il peut être meilleur aussi d'assurer, par une éducation instructive, la formation d'un nombre suffisant de bons Officiers de santé, afin d'avoir dans cette partie intéressante pour l'humanité et pour la conservation des Marins, des hommes sur qui on puisse compter, plutôt que de se confier, à mesure que le besoin l'exige, à la capacité éventuelle de ceux qui peuvent se présenter pour obtenir de l'emploi. Dans toutes ces parties on peut faire mieux que les Anglais, et notre situation morcelée et éloignée, l'exige impérieusement.

Au reste, rien n'empêche, en suivant la marche prudente, de former des élèves pour divers états, que l'on ne simplifie le nombre, que l'on ne retranche des superfluités, et que l'on n'abrège des formes trop exigeantes et des pratiques minutieuses de comptabilité.

On partagera, entre les individus, les fonctions d'une manière claire et précise, afin que la responsabilité le soit aussi; on établira une règle fixe et inviolable, par laquelle ces places de confiance, d'où dépendent l'économie des fonds et la sûreté des opérations, puissent toujours être données aux personnes instruites et dont la probité sera reconnue : avec ces principes, il est possible de faire beaucoup mieux que si on s'attachait à suivre à la lettre les formes de l'administration anglaise, dans laquelle il peut y avoir des inconvénients et même de grands abus, sur-tout à bord de leurs vaisseaux, pour l'article des consommations de vivres, où j'ai lieu de croire qu'il y a beaucoup de *passe-volants*.

Il n'y a point en Angleterre de comptabilité dans les ports pour les appointements des Officiers de la Marine, qui n'y résident que pour y être armés ou employés sur les vaisseaux de garde. Alors il reçoivent leur paiement avec l'équipage de leur vaisseau.

Lorsqu'ils sont désarmés, leurs appointements sont payés à Londres, ou dans les lieux qu'ils habitent, par l'entremise de quelqu'Agent, qui s'entend, à cet égard, avec le bureau des fonds de Londres.

Si les grandes distances qu'il y a en France entre les ports et la capitale, paraissent mettre obstacle à ce que les mêmes arrangements soient suivis, on peut néanmoins à bien des égards, les imiter et s'en rapprocher.

C'est une combinaison susceptible de très-grands développements, qui passeraient les bornes nécessaires de ce petit ouvrage : c'est aux personnes éclairées qui dirigeront notre Marine, à le faire avec succès.

BASES

DE

L'ADMINISTRATION MARITIME.

Réflexions préliminaires.

On est bien éloigné, en présentant cet ouvrage, d'être guidé par le desir des innovations : il y a long-temps, au contraire, que les bons esprits gémissent de voir avec quelle légèreté presque tous les gouvernants se sont permis de changer successivement le systême de la Marine, et de l'administration maritime. Souvent par les effets d'une seule loi mal concertée, les fonds de l'État ont été versés avec profusion, et sans résultats utiles, notre commerce maritime a été découragé, on a vu nos manufactures ruinées, l'industrie entravée, et nos ouvriers s'expatrier.

Pour citer uniquement le régime militaire et celui des arsenaux, qui pourrait jamais concevoir que dans un espace d'environ quarante ans, on ait changé au moins quinze fois les ordonnances de la Marine? Et se persuadera-t-on aisément que chaque fois que l'on a prétendu établir des réformes, on a dépensé davantage, et presque toujours pour faire plus mal qu'auparavant? Cette assertion semble dictée par un esprit de parti ou satirique; mais rien n'est plus aisé à démontrer.

Qu'on nous dispense de faire ici un historique fastidieux de toutes les mutations qui se sont si rapidement succédé dans le système et dans les ordonnances de la Marine : nous tâcherons d'être brefs, et d'arriver au but, de présenter des idées saines et dégagées de préjugé, et une constitution simple et claire sur toutes les parties de ce service, qui puisse réunir l'unité d'action et de volonté, la célérité et le secret nécessaire aux opérations de guerre, avec la maturité des projets, l'impartialité des décisions, et la constance dans les bonnes vues, qui offre l'émulation nécessaire aux Officiers militaires et civils, et donne l'assurance d'un bon service, tant en paix qu'en guerre, avec une grande économie dans les dépenses.

Je ne me dissimule pas, qu'il est comme impossible, dans un telle entreprise, de se promettre l'approbation et les suffrages d'un nombre de personnes, même de celles qui tiennent à la chose, les unes par des emplois qui seront démontrés inutiles, les autres par des prétentions et des préjugés qu'une longue habitude semble avoir consacrés. Mais dans un temps pareil à celui dans lequel nous vivons, toutes les vérités qui ont une influence essentielle sur le bien de l'État, et sur la prospérité publique, peuvent et doivent être exposées au grand jour, sans ménagement, ni considération d'intérêts particuliers.

Avant d'entrer en matière, il convient de poser quelques axiômes bien reconnus.

1° Le ministère de la marine comprend un si grand nombre d'objets divers, variés et lointains; il exige des connoissances tellement étendues et multipliées, et sur-tout tant de notions locales; il a des fréquentations et des correspondances avec un tel nombre de personnes de différents états, qu'il est comme impossible à un seul homme, quoique du choix le plus distingué, de suffire à tout, de tout voir par lui-même et de n'être pas égaré par des rapports intéressés et captieux. Les opérations militaires, les instructions aux Commandants d'escadres, ou aux Officiers chargés de missions particulières, les armements, les constructions, la direction de plusieurs arsenaux éloignés, les approvisionnements très-variés, les dépenses, et la comptabilité, l'organisation, et la police et direction de plusieurs corps très-nombreux et de fonctions variées et scientifiques, la police de la navigation, la protection et l'encouragement du commerce maritime, de la navigation et des pêches, l'inscription maritime, et la conduite nécessaire pour faciliter la formation et l'augmentation de la précieuse pépinière des marins, la nomination d'un grand nombre d'emplois, l'administration, l'encouragement, la défense et la protection de toutes les colonies, et d'autres nouveaux établissements à former dans les deux hémisphères: tout cela semble exiger (avec une action unique et une impulsion prompte, sur-tout en temps de guerre) le concours constant des lumières des personnes les plus éclairées et les plus sages, dans les diverses branches d'un service aussi compliqué.

2° Il est bien à propos et bien essentiel que le chef suprême, ou le Ministre de ce département, soit assisté, conseillé et secondé par des hommes sages, expérimentés, capables, et d'une probité reconnue, dont plusieurs sont dans le cas d'être délégués jusqu'aux extrémités de la terre. Or on ne peut obtenir cette heureuse position que par une bonne institution de la jeunesse destinée à ces divers services, et par une constante attention à ne conférer un grade, une place, ou un emploi supérieur, qu'à celui qui s'est montré en être capable dans l'exercice de fonctions moins relevées et moins impor-

3.

tantes du même genre : il est nécessaire d'observer à cet égard des règles par lesquelles le mérite soit encouragé, les bonnes intentions secondées, le vice confondu, et l'intrigue bannie.

3° Beaucoup d'Officiers de la Marine pensent que ce Ministère devrait appartenir exclusivement à un Officier général de la Marine : je dirai à cela que la qualité essentielle d'un Ministre, est d'être homme d'État, et qu'un homme d'État vaut souvent mieux qu'un homme de la chose ; que si l'on examinait l'opinion générale sur les différents Ministres qui ont occupé ce département, au nombre de trente ou quarante, depuis un demi-siècle, parmi lesquels deux ou trois avaient été pris dans les Officiers généraux de la Marine, ce ne serait pas de ceux-là qu'on trouverait plus d'éloges à faire, et que d'autres, qui ne sortaient pas de cette classe, ont pu donner plus de satisfaction.

4° Le nombre superflu des Agents, loin d'être avantageux au service, lui est, au contraire, infiniment nuisible, de même que les fonctions, les droits, les prétentions diverses de plusieurs corps distincts, employés au même but : il en résulte des rivalités, des haines, des tracasseries, avec des conflits éternels de jurisdiction, de l'incertitude dans les opinions, des variations perpétuelles de systèmes, des embarras dans l'exécution, et toujours de l'augmentation dans les dépenses.

5° L'action ou l'emploi des forces militaires tient seule au pouvoir exécutif ; mais tout ce qui intéresse la propriété des citoyens, tant dans le commerce que dans les colonies, ne doit pas être laissé à l'arbitraire des décisions de ce ministère, et à la judiciaire d'un seul homme.

CHAPITRE PREMIER.

MINISTÈRE ET CONSEIL DE MARINE.

On a jusqu'à-présent pris les Ministres de la Marine, indistinctement dans divers états ; on y a vu des Lieutenants de police, un Sur-Intendant des postes, etc., etc. On a lieu de croire que cette indifférence dans le choix de ce ministère, est vicieuse et nuisible, de même que les trop fréquentes mutations qui ont eu lieu.

Un Gouvernement stable et réfléchi sentira qu'il est nécessaire de ne confier une place aussi importante qu'à un homme instruit, à un homme d'État, vertueux, impartial, et dégagé de préjugés, ayant le talent de connaître les hommes, capable d'apprécier les intérêts de la Marine militaire, du Commerce maritime, des Colonies, la Politique des Nations maritimes et commerçantes.

Avec toutes ces qualités, un tel Ministre a encore nécessairement besoin d'être assisté d'un Conseil. Ce Conseil de Marine serait convenablement composé de deux principaux Officiers de la Marine, de deux Administrateurs distingués de la Marine et des Colonies, d'un Ingénieur-Constructeur de la Marine, d'un ancien Consul de France des plus instruits du Commerce maritime, et de ses rapports dans l'étranger, et enfin d'un Jurisconsulte, ayant servi, comme juge, dans les Tribunaux de Commerce, soit en France, soit dans les Colonies. On y ajouterait un Secrétaire capable, et qui aurait été éprouvé dans quelque partie du service ; ce qui ferait en tout neuf personnes, y compris le Ministre.

De ce Conseil éclairé émaneraient toutes les décisions et les ordres, au nom cependant du Ministre seul, qui aurait, comme de raison, la voix prépondérante.

Outre ces fonctions délibératives auprès du Ministre, ces Conseillers en auraient aussi d'actives ; on pourrait détacher l'un deux dans un port où il serait nécessaire de régler et de presser un armement ; et de temps en temps quelques-uns de ces Conseillers seraient employés à faire des tournées d'inspection des ports et arsenaux, des bureaux de l'inscription maritime, des forges, fonderies et manufactures travaillant pour la Marine, et enfin des forêts, que l'on proposera dans le cours de ce mémoire, d'affecter à la Marine.

Outre ces Conseillers, il y aurait six principales divisions, dans les bureaux du Ministère, à chacune desquelles il y aurait un Chef. Une de ces divisions serait la direction générale des ports et arsenaux ; une aurait la police de la navigation, l'inscription maritime, et les consulats ; une serait chargée des Colonies et établissements lointains outre-mer ; une aurait les approvisionnements ; et une serait chargée des fonds et des dépenses, tant de la Marine que des Colonies ; la sixième enfin aurait le personnel et la nomination des emplois civils et militaires, ayant rapport à la Marine.

CHAPITRE DEUXIÈME.

CONSTRUCTIONS, RADOUBS, ATELIERS ET TRAVAUX DES PORTS.

C'EST parce qu'on a des vaisseaux, qu'il faut avoir des Officiers pour les conduire ; et en conséquence de cette idée, on parlera, pour suivre un ordre didactique, de la construction, de tous les travaux des ports, et de ce qui concerne les arsenaux, les approvisionnements de munitions navales, et l'administration de ces objets divers, avant de parler de ce qui intéresse le personnel, et du corps militaire de la Marine.

On fera précéder de même le plan de toutes les parties qui peuvent concerner le commerce maritime, et contribuer à sa prospérité et à son accroissement ; par la raison que le but principal d'une nation qui veut parvenir à être une puissance maritime, doit être d'avoir une navigation marchande, étendue et florissante. Dans cette catégorie sont l'inscription maritime, les consulats ou agences maritimes, et les colonies.

La construction des vaisseaux, leurs radoubs, réparations et entretiens, les divers travaux et ateliers qu'ils attirent à leur suite, les approvisionnements qu'ils nécessitent ; tout cela présente autant d'objets distincts, susceptibles, chacun en particulier, d'une longue discussion ; il serait possible de trouver encore beaucoup plus d'économie que je n'en ferai ici entrevoir. L'article des bois peut à lui seul en procurer une très-grande, en suivant à cet égard un plan bien concerté, et qui peut fournir une ample matière à un mémoire séparé. Ce sont des détails très-considérables, dans lesquels on peut entrer par la suite.

On supposera ici que le projet soit d'entretenir la Marine à cinquante vaisseaux de ligne, cinquante frégates, et cent autres bâtiments légers comme corvettes, brigantins, gabarres, flûtes, avisos, etc. Comme on n'estime plus-à-présent, d'après une fatale expérience, la durée des vaisseaux qu'à dix ans, il faudrait, d'après cette donnée, construire chaque année cinq vaisseaux, cinq frégates, et dix autres bâtiments légers, pour conserver toujours le même nombre en bon état. Mais il est plus que probable que si la direction était unique, l'action simple, bien surveillée, et raisonnée ; que si l'ordre et l'attention qui conviennent, étaient suivis dans toutes les parties, d'après des règles constantes ; que si on observait sur-tout de n'employer ces bois que suivant l'ancienneté de leurs coupes, et de ne les recouvrir, ne border et terminer les vaisseaux qu'après la parfaite dessiccation, les vaisseaux dureraient quinze ans, et même plus, au lieu de dix ; car le bon bois, employé bien sec, est par lui-même très-durable. Alors, la Marine augmenterait en bâtiments, sans aucun accroissement aux dépenses ici proposées.

D'après cette réflexion, si l'on construisait annuellement quatre vaisseaux et cinq frégates, la Marine, au lieu de rester au même nombre de bâtiments, augmenterait d'un ou deux de chaque dénomination, et des bâtiments légers en proportion. On pourrait continuer ainsi, jusqu'à ce qu'elle fût parvenue au taux de quatre-vingts vaisseaux de ligne, ou même plus, s'il devenait nécessaire ; ou dans le cas contraire, on ferait sur les dépenses des économies proportionnées.

On ne doit pas se flatter de réparer une Marine délabrée en peu de temps; il faut adopter un système raisonnable, et le suivre avec constance pour l'exploitation et la conservation des bois de construction, il faut ne construire qu'avec ceux des plus anciennes coupes, et parfaitement desséchés. Il résulte de cette attention une immense économie; au lieu que dans le cas contraire, on dépense énormément, on dépeuple les forêts pour avoir des vaisseaux qui ne durent presque pas, et ne rendent presque aucun service : on s'est procuré un succès éphémère, avec des dépenses exorbitantes, et on retombe bientôt dans le premier état.

En suivant constamment cette marche raisonnée, sur cet objet, et sur beaucoup d'autres, on épargnerait encore plus sur les radoubs et entretiens. Un Conseil, composé de Marins et d'Administrateurs les plus instruits des détails de la Marine et des pratiques des arsenaux, opérera nécessairement de grandes réformes et améliorations sur une foule d'articles qu'il n'est pas possible de particulariser ici.

La garde et l'entretien et conservation des vaisseaux désarmés doivent être confiées à un nombre de matelots-gardiens; sept sur chaque vaisseau de ligne, trois sur les frégates, et deux sur les autres moindres bâtiments.

A chaque escadre ou division de dix-huit bâtiments gros et petits, on doit attacher un charpentier, et un calfat, chargés, soit séparément, soit en les réunissant au besoin, de nettoyer, peindre, goudronner et entretenir toutes choses, sans presque aucuns autres frais que leur paye et quelques articles de peu de conséquence.

Un Officier de la Marine, agissant pour la totalité de son escadre, serait avec succès chargé de surveiller et inspecter cette escouade d'hommes, de rendre compte au Général et au Commandant du port, de la manière dont ce service serait exécuté; et de faire au chef du chantier les observations utiles.

Lorsque ces escouades d'hommes ne seraient pas occupées, n'étant pas tous nécessaires à leurs vaisseaux, on les emploierait aux divers travaux journaliers, aux mouvements du port, et aux événements imprévus.

Cet établissement de Matelots-Gardiens pourrait coûter environ 3oo,ooo francs; mais il occasionnerait une épargne considérable par la meilleure tenue, et une conservation plus assurée des bâtiments.

CHAPITRE TROISIÈME.

DES CHIOURMES ET DE L'EMPLOI DES FORÇATS DANS LES PORTS.

Ce que je vais dire sur les Chiourmes, pourra n'avoir pas l'assentiment de bien des personnes, même parmi les administrateurs : l'habitude de voir une chose établie depuis l'enfance, la consacre chez le plus grand nombre des hommes, de telle manière que la persuasion de sa convenance s'est enracinée dans leur esprit, et qu'ils croient impossible que les choses aillent autrement.

J'ai connu un Administrateur suranné, qui, toutes les fois qu'on lui proposait quelque amélioration, disait en s'y refusant formellement : *cela a toujours été de même* : j'ai vu un Gouverneur dans un de nos établissements situés entre les Tropiques, qui voulait tout rapporter à ce qu'il avait vu, quarante ans auparavant, dans le Canada, où il était alors Sous-Lieutenant, et s'était trouvé au siége de Québec.

Mais je demande à ceux de mes lecteurs dont l'opinion peut influer sur les déterminations du Gouvernement, de prêter attention à ce chapitre, parce qu'il est ici question d'une très-grande économie et d'une mesure avantageuse, que ce n'est pas l'idée d'une seule personne, qu'elle est le résultat de longues et mûres réflexions, fruit de l'expérience, et appuyée de calculs scrupuleusement faits. C'est d'un des Ministres les plus distingués de ce département, essentiellement honnête homme et voulant le bien, que j'ai eu la première idée de cette proposition, et que j'ai acquis des données certaines sur sa convenance, et sur l'économie évidente qui en résulterait.

Je propose donc, comme un grand moyen d'économie sur les dépenses de la Marine, et comme une amélioration dans le régime et administration des ports, de retirer les Chiourmes ou Galères (c'est-à-dire les forçats) des ports et arsenaux de l'armée navale, et du service de la Marine.

Cette population infecte et dégoûtante, au moral comme au physique, source de toute sorte de maux et de délits, complique et embarrasse singulièrement l'administration des ports et les tient sans cesse en danger.

Laissons aux législateurs à traiter la question de ce mode de punition pour les délits, s'il convient d'entasser dans le même local indistinctement, les criminels atroces condamnés à vie et ceux dont les fautes légères ne les y condamnent que pour un temps, s'il ne serait pas beaucoup plus à propos de faire des colonies au loin, et de faire renaître à la vertu et à la société ceux de ces hommes malheureux, que des besoins impérieux, ou les mauvais exemples ont entraînés un moment dans une action coupable, mais qui ne sont pas corrompus sans retour. Renfermons-nous ici dans la question de leur existence dans les ports.

Il faut dans chaque port de Brest, Toulon et Rochefort, un établissement très-considérable de logements, d'hôpitaux pour les Forçats, des forges exprès pour le travail de leurs chaînes, une comptabilité de vivres, de hardes, etc. Ces divers besoins, et le séjour des Forçats dans les ports, exigent une multitude d'hommes et de choses, dont il serait fort avantageux de soulager l'administration, et de faire cesser les abus qui en résultent.

Un Commissaire de plus est nécessaire uniquement pour le détail et police des Chiourmes, il faut un bureau composé au moins de deux Commis, des Comes, des Sous-Comes, des Argousins, des Sous-Argousins, des compagnies de Pertuisanniers pour la garde des Forçats, des Caps de Forçats pour les conduire au travail : Il y a un tribunal presque uniquement employé à juger les délits de ces malheureux, et ceux de leurs surveillants immédiats, qui bien souvent ne valent pas mieux que les surveillés. Tout cela coûte, (sans apprécier ce qui ne peut pas l'être, les vols et les dilapidations dont un tel établissement est la source continuelle) au moins cinq fois plus que l'on n'en retire de bon travail.

La dépense de la Chiourme était fixée à 1 million 650,000 francs par an; cette dépense qui devrait varier avec le nombre des individus, a toujours été à-peu-près la même depuis 1785. M. le Maréchal de Castries, le Ministre de la Marine de ce temps-là, en avait fait faire des calculs exacts, et le produit utile du travail des Forçats, calculé avec une pareille exactitude, ne montait pas à 300,000 fr. par an. C'est de ce Ministre lui-même que je tiens ces renseignements, dont les idées qui vont suivre sont la conséquence.

Dans cette différence énorme qui existe entre la dépense des Chiourmes et le produit utile de leur travail, qui n'en est que le cinquième, encore n'apprécie-t-on pas la dépense des commis qu'il faut de plus dans les autres bureaux des ports, dans ceux des fonds, des revues, du contrôle, du magasin général pour tenir les comptes, les listes nominatives, les matricules, les signalements, les états d'approvisionnements, les certificats de livraisons, et les états de paiement des divers effets, des vivres et marchandises, hardes, des objets d'hôpitaux, etc., les frais d'impression, et autres, dans tout ce qui a rapport aux Chiourmes, les frais de correspondance sur cet objet, avec le Ministre, et avec les divers départements du royaume, qu'occasionne le séjour des Forçats dans les ports, leurs évasions, leurs reprises, etc., etc.

Mais on dira : Le travail de ces hommes est nécessaire au service de la Marine et ne pourrait pas être remplacé. M'expliquera-t-on, dans cette supposition, comment se font tous les mêmes travaux, dans tous les autres pays maritimes de l'Europe, entre autres l'Angleterre, où il n'y a aucuns Forçats employés à de tels travaux, qui sont bien mieux et plus économiquement exécutés, soit à forfait, soit par des journaliers soldés?

Dans la supposition de la suppression des Chiourmes dans les ports et arsenaux, une dépense beaucoup plus modérée remplirait le même objet, et présenterait le précieux avantage d'occuper une population intéressante, de fournir des ressources à un nombre de femmes et d'enfants, composant les familles de ces journaliers soldés, et d'encourager la classe indigente des pays maritimes, et l'accroissement des Marins, avantage inappréciable, au lieu d'entasser des milliers d'hommes qui sont dès-lors perdus pour la multiplication de l'espèce.

On objectera encore : Que fera-t-on des Forçats ou Galériens, si votre proposition était adoptée? Je ne vois là aucune difficulté : j'y trouve au contraire bien de l'avantage.

Je suppose que le nombre des Forçats dans tous nos ports soit de 8 à 9000. En chargeant désormais chaque département de garder et contenir les criminels condamnés à la chaîne et aux travaux publics dans son arrondissement, cela ferait l'un dans l'autre à-peu-près cent hommes par département : on y emploierait ces hommes sous un garde sûre, soit dans les carrières, mines de charbon et autres, soit dans les forteresses, à faire des excavations, aux voieries et vidanges, dans les villes et manufactures fermées, à scier du bois, tourner des roues et manivelles, etc. Chaque Département contenant ainsi lui-même ses criminels, trouverait bien certainement les moyens de couvrir leur dépense par le produit de leur travail. Ces criminels seraient bien mieux surveillés, et mieux connus dans leur propre pays, ils auraient moins de moyens de s'évader : leur punition serait plus sensible et plus exemplaire, et de plus on épargnerait une somme énorme de frais de voyage dans les ports si éloignés, et une administration toute entière qui nécessairement entraîne une foule d'abus.

On laisserait une perspective de déportation aux Colonies, à la Guiane sur-tout, à ceux de ces condamnés qui auraient donné quelques preuves d'amendement. On les y emploierait, d'abord en commun, à des défrichements et desséchements, à faire des bois pour l'artillerie, pour la Marine, etc. Ils auraient l'espoir d'avoir (au bout d'un certain temps de bonne conduite et sous certaines conditions) une concession de terre, du bétail, des outils, etc., de s'y marier avec des femmes déportées dans cette intention, ou autres parmi les créoles ou indigènes, et de redevenir ainsi libres et propriétaires.

Tout cela exigerait sans doute de plus grands développements : on se contente d'indiquer cette proposition, et sa base principale, et de répéter que son adoption paraît essentielle, non pas seulement au bien-être des arsenaux de Marine, mais aussi à la tranquillité et à la prospérité de la France toute entière, à la législation criminelle, aux mœurs et à l'économie dans les finances. La Marine économiserait, par cette mesure sage et avantageuse à l'humanité, au moins un million par an.

Pour ajouter quelques idées de plus à l'appui de ma proposition, qu'il me soit permis de transcrire ici par extrait, ce que j'ai dit sur cet objet dans mon ouvrage sur la Guiane-Française :

« Nos rivaux ont dû à l'infortune et aux vices la « population de leurs plus vastes colonies : c'est ainsi « que se fonde actuellement celle de *Botany-Bay*.

« Ce sera rendre service à la Marine de la débarrasser « des Chiourmes qui compliquent et gênent son admi- « nistration, et qui tiennent sans cesse en danger les « ports et arsenaux.

« Il faudrait laisser à tous les condamnés un espoir de « retour à la société et à l'état libre duquel ils sont déchus, « après diverses épreuves, et à la suite de plusieurs « années de travaux. Une conduite réglée leur ferait « obtenir les moyens de vivre honnêtement, et de pros- « pérer dans une vie pâtre, laborieuse et agricole. Il « est très-probable que cette race, qui est entièrement « perdue pour la société, dans le régime actuel, pourrait « former au loin une population utile et industrieuse, du « moins dans la génération subséquente.

« Pour former un tel établissement dans une partie « de la Guiane, on pourrait choisir un canton dans un « local jusqu'à-présent inhabité dans la partie occidentale « de ses côtes, dont le point central pourrait être fixé « sur les bords de la rivière de *Mana*.

« Chaque département de France se chargeant à l'avenir « de garder et contenir les criminels condamnés dans son « étendue, on commencera par les employer, sûrement

« gardés et surveillés à divers travaux durs et pénibles,
« pour l'utilité du département.

« On laissera une perspective de déportation à la
« Guiane, à ceux qui donneront des preuves d'amen-
« dement. Chaque année, à une époque déterminée, les
« départements rendront compte au Ministre de la jus-
« tice, de ceux des criminels qui auront mérité, par
« leur meilleure conduite, et en remplissant certaines con-
« ditions, d'être déportés à la Guiane. Ce Ministre en
« arrêtera la liste, et les mettra à la disposition du Mi-
« nistre de la Marine.

« On pourra avoir trois dépôts de ces Forçats destinés
« à être, par la suite et après les épreuves convenables,
« embarqués pour la Guiane. Ces dépôts, étant dans
« le voisinage de trois principaux ports de mer, pour-
« ront être régis par de bons surveillants, assistés d'une
« partie choisie des Comes, des Sous-Comes et autres
« employés des Chiourmes, dont quelques-uns pourront
« être chargés de les suivre à l'embarquement.

« On fera, chaque année, un choix sur les Forçats,
« dans chaque dépôt. On les embarquera, lorsqu'il y en
« aura un certain nombre, par cent à-la-fois au plus,
« et à-peu-près de trois en trois mois. On y ajoutera
« quelques femmes, de celles qui ayant mérité une pu-
« nition par la loi, auront donné de même un espoir
« d'amendement, et qui annonceront le desir de s'éta-
« blir dans la Guiane. »

CHAPITRE QUATRIÈME.

BATIMENTS CIVILS ET TRAVAUX D'ARCHITECTURE HYDRAULIQUE DES PORTS.

On entretient un corps nombreux d'Ingénieurs, de Sous-Ingénieurs et d'élèves Ingénieurs des bâtiments civils, pour procurer des sujets à cette branche du service. Tout se fait (dans ce genre et par des formes semblables) avec plus de dépense et d'ostentation qu'il ne faut. Il ne serait besoin que d'un seul bon Ingénieur ou Architecte, avec un bon maître Charpentier, et un bon maître Maçon, dans chacun des ports où des établissements de ce genre sont nécessaires; et la besogne n'en irait pas plus mal.

Un nombre limité de ces Ingénieurs, bien choisis, seraient destinés au besoin à se porter dans les ports où il surviendrait des travaux hydrauliques de quelque conséquence à exécuter.

Quant à la pépinière d'élèves pour avoir des sujets propres à ce service, elle est coûteuse dans la forme actuelle, insuffisante et inutilement très-dispendieuse. On ne manquera jamais d'excellents Ingénieurs pour cette partie, en la prenant à l'école des Ponts-et-Chaussées, où ils ont de bien plus grandes et plus sûres occasions de s'instruire et de s'exercer.

CHAPITRE CINQUIÈME.

ARMEMENTS.

On donnera à la suite de ce mémoire, un aperçu de la dépense jugée nécessaire à chaque partie et par conséquent à celle des armements, d'après les vues exposées ici. On pourrait ne dépenser que ce qui sera mentionné dans ce compte pendant les temps ordinaires de paix : il serait possible d'augmenter beaucoup ces armements, même sans outre-passer cette somme, et on fournirait aux Marins un plus grand nombre d'occasions de servir activement et de s'exercer, en faisant des armements économiques de flûtes et gabarres, et employant sous ce titre ce qu'on dépense pour frets et transports d'hommes, de subsistances et d'effets aux Colonies, et de munitions navales en Europe, au lieu de donner ce service à remplir au commerce, ou de l'abandonner aux nations étrangères.

Cette seule disposition donnerait les moyens d'armer au moins vingt gabarres par an, sans dépenser un sol de plus, et peut-être même quelque chose de moins que ce qui est porté dans le calcul final des dépenses : cette disposition procurerait, à environ cent officiers de plus, les occasions de s'exercer.

Si encore, en considération des économies résultantes de l'adoption de vues saines et raisonnées, on voulait employer un ou deux millions de plus à l'entretien en temps de paix d'une armée navale toujours agissante, et avoir toujours un nombre suffisant d'officiers mariniers attachés au service, et continuellement exercés, il en résulterait un très-grand avantage.

Dans les temps de guerre, la partie des armements engage nécessairement à de fortes dépenses: on dit généralement que la guerre et l'économie ne s'accordent pas. Cela est vrai à certains égards; cependant avec une attention sévère et suivie à la tenue exacte des comptes de consommations des vaisseaux, des registres de rations, des apostilles des rôles d'équipages, etc. ; par les Agents comptables, et avec une surveillance suivie par les Commissaires et Intendants d'escadres et armées navales, en n'employant à ces fonctions que des hommes capables, probes et éprouvés, on concilierait autant que possible les fortes opérations avec l'économie.

Il est essentiel pour assurer ces heureux résultats, que les personnes ainsi employées aient une perspective d'avancement, après avoir fait preuve d'une bonne conduite, et de l'intelligence requise : il est essentiel de les encourager, et de les conserver en temps de paix, pour les retrouver en temps de guerre. Il suffit pour cela d'entretenir un nombre suffisant de Commis d'administration, brevetés pour faire ce service à bord des bâtiments de guerre, où ils sont désignés sous le titre d'*Agents comptables*. Après la guerre, ou après le désarmement, ils seront utilement employés à terre dans les bureaux des ports, pour achever leurs gestions et en régler les comptes, etc.

L'avantage d'avoir des hommes sûrs et éprouvés, est inappréciable: il conviendra de leur donner une perspective d'avancement, par des places de l'inscription maritime, dans les Colonies, dans les ports, dans les chancelleries, et consulats de France; car tout homme à qui une conduite régulière promet de l'amélioration à son sort, et des attentions, est nécessairement encouragé à bien faire.

Un autre grand avantage à attendre de cette disposition sera d'avoir des comptes exacts des prises faites en mer, de voir faire promptement les répartitions légales et équitables aux Marins, de ce que la loi leur accorde, sur les captures faites sur l'ennemi, loi dont l'exécution n'a jamais été bien exacte, et qui semble être une dérision.

Les Marins sont, par une conduite irrégulière et négligente sur ces répartitions de prises, encouragés et excités même à piller; ce qui est un grand inconvénient. Rien ne peut mieux les attacher au service qu'une police exacte dans l'administration et la répartition des prises. La stricte exécution de cet objet important repose essentiellement sur la destination et le choix de bons et probes administrateurs.

Quant aux officiers de santé, dont on est obligé d'avoir un nombre en temps de guerre, qui deviennent superflus en temps de paix, on les emploierait de même dans toutes les places où ils peuvent être dans une activité utile, soit dans les ports, soit dans les Colonies ; le reste devra être conservé à la demi-solde, pour les retrouver au besoin pour le service des armements. Dans les intervalles, ils obtiendraient la faculté de naviguer sur les bâtiments marchands.

CHAPITRE SIXIÈME.

ADMINISTRATION DES PORTS ET ARSENAUX.

La Marine militaire, dans un État vraiment maritime et bien constitué, ne doit jamais être que le produit et la conséquence nécessaire et utile de la Marine marchande : son but, sa destination essentielle, est la protection du commerce maritime.

Il s'agit de préparer en temps de paix des vaisseaux et tous leurs approvisionnements, pour se tenir en état de défendre et de protéger le commerce et les Colonies, dans l'événement d'une guerre : il faut donner une action vive à ces travaux et aux armements, lorsqu'ils sont nécessaires, former, et exercer l'espèce des ouvriers Marins et Matelots, et les ménager cependant de telle manière que le commerce ne souffre pas des armements de guerre.

Il convient pour cela de rapprocher davantage des ports du commerce, la marine militaire, qui en est entièrement isolée dans le système actuel : on trouverait à cet arrangement beaucoup de facilités pour les approvisionnements, sans avoir besoin de s'encombrer, long-temps à l'avance, de choses périssables : on y aurait des ouvriers en tout genre, et des maîtres-ouvriers auxquels on pourrait confier, à des prix réglés, beaucoup de fournitures principales. On pourrait même y faire construire des vaisseaux à l'entreprise, sous une inspection convenable. Outre l'économie qui résulterait d'une pareille disposition, elle produirait un essor singulier, et un grand encouragement à l'augmentation des établissements particuliers pour le commerce maritime.

En conséquence de cette idée, on pourrait multiplier les ports de construction de l'État, jusqu'au nombre de douze ou treize, entre lesquels, deux seulement (Brest et Toulon) seraient les grands ports affectés aux principaux armements.

La direction de ces différents ports doit être confiée à des Agents uniques, subordonnés et directement responsables au Ministre de la Marine, comme ont été pendant un temps, les Préfets maritimes, et les Ordonnateurs. Ce chef devant être ainsi subordonné et responsable de toutes les parties du service qui lui est confié, doit seul donner des ordres dans toutes les branches du service, sans cette distinction au moins futile, de civil et de militaire. Il ne faut pas qu'une place de cette importance appartienne à une classe d'hommes, ni à l'ancienneté, mais à l'homme probe, ami de l'ordre et instruit, qui dans l'une des branches du service maritime, aura acquis la confiance du gouvernement. Cet homme devant être instruit de tous les détails des arsenaux, et de la construction, a encore besoin des talents, du caractère et de la constance d'un administrateur; qu'il soit assidu et sédentaire à la même place pendant plusieurs années de suite, qu'il trouve là même sa récompense, et que son ambition essentielle soit de bien remplir ses devoirs.

Pour particulariser l'arrangement proposé et le coordonner aux localités, on aurait des ports et chantiers de construction, à Dunkerque, au Hâvre, à Saint-Servan, à Brest, à Lorient, à Nantes, à Rochefort, à Bordeaux, à Bayonne, au Port-Vendre, si on peut, dans la Méditerranée, à Marseille, à Toulon, et à Bastia dans l'Ile de Corse.

Dans ce nombre de ports, ceux de Brest et de Toulon étant seuls affectés aux armements des vaisseaux de ligne, des escadres et des armées navales, aux grands dépôts et magasins d'approvisionnements, les autres ports ne feraient que des constructions isolées, de frégates, corvettes et bâtiments légers sur-tout : on y aurait des dépôts de munitions navales, pour en fournir les grands ports et les Colonies, et les établissements outre-mer.

Il y aurait de l'épargne sur le transport des bois, en faisant ainsi construire les frégates et corvettes, même quelques vaisseaux, le plus qu'il serait possible, à portée des forêts. Le service des grands ports serait par-là rendu plus clair, plus simple et plus économique : tandis qu'à-présent (à Brest sur-tout) on concentre en un seul lieu, et dans un local insuffisant et en petit espace, tant d'objets et de choses diverses, tant de mouvements, que la surveillance en est devenue comme impossible.

A mesure qu'on aurait achevé une construction de frégate, corvette, etc., dans les autres ports, on l'armerait là même pour sa première campagne aux Colonies, ou ailleurs, en croisière, etc. ; et au bout de cette campagne, le bâtiment irait désarmer dans l'un des deux grands ports.

Ces deux grands ports auraient une administration plus étendue que celle des autres ports secondaires destinés simplement aux constructions : la différence consisterait en quelques subalternes de plus à attribuer à chacun des principaux chefs de service. Le chef supérieur pourrait être appelé Ordonnateur, ayant à ses ordres deux ou trois Commissaires, un Ingénieur-Constructeur en chef, un Chef militaire ou Chef des mouvements, un Contrôleur et un Garde-Magasin.

L'Ingénieur-Constructeur aurait à ses ordres autant de

Sous-Ingénieurs et de Maîtres Charpentiers constructeurs qu'il y aurait de bâtiments en construction, ou en radoub ; lesquels chargés de leur partie, lui en rendraient compte, comme il le rendrait lui-même à l'Ordonnateur.

Le Garde-Magasin aurait autant de subalternes et gardiens, qu'il aurait de principaux magasins, éloignés les uns des autres, à surveiller.

On pense qu'il faudrait aussi, autant qu'il sera praticable, affecter dans le voisinage de chacun de ces ports, une forêt uniquement au service de la Marine, afin d'assurer des ressources, par l'établissement d'une bonne et sûre garde. L'exécution de cette vue dépend de la situation actuelle des biens domaniaux, s'il y reste quelques forêts invendues.

On peut tirer un parti très-avantageux pour la Marine des forêts de la Guiane ; et à cette occasion, je rapporterai ici ce que j'en ai dit dans mon ouvrage sur cette Colonie.

Bois pour la Marine.

« Si on réservait à la marine seulement, un canton « inoccupé de ce pays, elle pourrait s'y approvisionner, « à des prix au-dessous de ceux d'Europe, de bois d'une « durée quintuple au moins des nôtres. On épargnerait « des sommes à l'état, dans cette branche d'administra- « tion ; on économiserait au moins celles qui passent à « l'étranger pour avoir de mauvais bois.

« Je développerai cette idée qui est de la plus grande « importance.

« Plusieurs espèces de bois qui croissent entre les « tropiques, sont très - propres à la construction des « vaisseaux, et beaucoup plus durables que les nôtres.

« L'emploi utile que font de ces bois diverses nations des
« Indes, et les Espagnols à la Havane, à Manille, etc.,
« aurait dû nous engager plutôt à suivre leur exemple.
« Aucun pays ne produit de ces bois en plus grande
« abondance que la Guiane. Je puis en parler avec
« assurance.

« On peut distinguer en général trois principales es-
« pèces de bois dans ces pays chauds, quant à leur sub-
« stance, et à l'usage qu'on en peut faire dans les travaux
« de charpente, et de construction.

« Les uns, connus sous la dénomination de *bois mous*,
« ou de *bois blancs*, doivent être entièrement rejetés : ils
« sont légers et de peu de durée. Dans cette classe sont
« le *mapou*, le *pékéia*, le *bois-banane*, etc.

« Les autres, d'une nature absolument opposée à
« celle des précédents, sont durs, lourds et compactes,
« d'une couleur brune ou foncée pour la plupart, quel-
« quefois rouges ou d'un jaune vif : ils résistent aux
« outils et à la scie : leur grain est lisse et fin, et ils
« sont susceptibles du plus beau poli : c'est ceux-là qui
« ont mérité à juste titre le nom de *bois incorruptibles*,
« expression par laquelle on ne doit cependant pas en-
« tendre littéralement qu'ils ne se pourrissent jamais,
« mais qu'ils se conservent beaucoup plus que les meil-
« leurs des nôtres, dans une proportion peut-être de 5o
« ans à dix ans.

« On en trouve plusieurs sortes dans les plus belles
« dimensions qu'exige la construction des vaisseaux de
« ligne. Il serait superflu d'en rapporter ici les noms;
« mais j'en pourrais désigner au moins vingt-cinq espèces
« dont je possède des échantillons : il suffit de dire que
« le poids du pied cube de cette classe de bois varie
« depuis 8o jusqu'à 93 livres (ou de 40 à 46 kilogram.):

« et par conséquent, plus pesants que leur pareil volume
« d'eau, ils ne flottent pas. Ils sont propres à des pièces
• de quille, de contre-quille, de brion , étambot, contre-
« étambot, courbe d'étambot, varangues, demi-varangues,
« genoux de fond, premières et deuxièmes allonges des
« couples, carlingues, marsouins, guirlandes de la cale,
« varangues et genoux de porques, carlingues de mâts
« majeurs, épontilles de la cale, faux-baux, vaigres de
« fond, et bordages de l'œuvre vive.

« Une autre classe de ces bois (d'une nature intermé-
« diaire entre la première, qui est molle et bonne à rien,
« et l'autre qui est d'une grande dureté) se présente avec
« beaucoup d'avantages pour les travaux, en ce qu'étant
« bonne et durable, elle est moins dure à travailler et
« d'une bien moins grande pesanteur spécifique.

« Dans cette classe je rangerai l'*acajou*, le *carapa*, le
« *bois violet* ou d'*amarante*, le *cèdre noir*, et le *cèdre*
« *jaune*, etc., etc. Ils pèsent de 20 à 33 kilogrammes le
« pied cube, et par conséquent ils flottent.

« Cette dernière classe de bois est propre aux divers
« usages de la Marine : on peut sur-tout l'employer aux
« 3es 4es et 5es allonges, aux baux, bordages, hiloires
« des ponts, bauquières, serre-bauquières, et gouttières ,
« aux lisses d'hourdi, barres d'arcasse, cornières, pré-
« ceintes de l'œuvre morte, des gaillards et de la du-
« nette, aux cloisons et ouvrages de menuiserie, aux
« affûts, etc.

« Parmi ces divers bois, quelques-uns ont une qualité
« aromatique et amère, qui en écarte les insectes et les
« vers de mer, si funestes à la durée des vaisseaux. On en
« connaît d'autres qui se pétrifient par un long séjour
« dans l'eau, au lieu d'y pourrir. On rencontre, dans
« ces vastes forêts, des arbres qui, ayant été très-ancien-

« nement renversés par vétusté ou par le vent, ont
« essuyé pendant un nombre d'années, les injures du
« temps, et une humidité presque continuelle, sans en
« être autrement gâtés que dans leur aubier.

« Quoiqu'il y ait, comme je viens de le démontrer,
« des différences totales entre ces bois, puisque les uns
« sont incomparables, et les autres ne sont propres à
« rien, on a le plus souvent fait contre eux tous, sans
« distinction et sans un examen suffisant, diverses ob-
« jections qui ont fait rejeter trop légèrement leur usage.

« La première de ces objections porte sur leur grande
« pesanteur.

« Cette objection ne peut être faite avec réflexion par
« des personnes connaissant les principes de la construc-
« tion, et de la stabilité des vaisseaux. Si ces bois sont
« plus lourds, le constructeur calculera leur pesanteur
« spécifique; il formera avec les bois les plus lourds, les
« parties submergées, et emploiera dans les hauts et les
« œuvres mortes les bois les plus légers que le même
« pays fournit : le centre de gravité du vaisseau, étant
« ainsi proportionnellement abaissé, on diminuera consi-
« dérablement la quantité de lest dont est obligé d'écraser
« nos vaisseaux.

« Un calcul bien simple, mais dont je n'occuperai pas
« les pages de ce petit ouvrage, démontre que, par
« l'emploi de ces bois lourds, on peut augmenter le
« poids d'un vaisseau de ligne, au-dessous de la flottaison,
« d'une quantité qui ne serait pas moindre de deux cents
« tonneaux; et par conséquent on le soulagerait de vingt
« barquées de lest. On gagnerait à cela un espace de
« trois mille quatre-vingts pieds cubes dans la cale, si on
« suppose le lest en gravier, et de cinq cents pieds cubes,
« quand on le supposerait tout en fer. Or on pourrait

» embarquer dans un pareil vaisseau deux mois et demi
« de vivres de plus, ou une augmentation proportionnée
« de munitions et d'effets.

« Il est évident aussi que ce poids excédent tenant
« à la coque du vaisseau, et remplaçant une partie de
« son lest, le rendrait plus solide, plus sain et plus du-
« rable, et lui procurerait la qualité de se bien comporter
« à la mer.

« Quelle stabilité ne procurerait-on pas à des vaisseaux,
« dans la construction desquels on aurait soin de placer
« par gradations des bois de diverses pesanteurs spéci-
« fiques, depuis quarante-six kilogrammes le pied cube, à
« la quille et aux parties les plus basses, jusqu'à vingt ki-
« logrammes le pied cube dont on formerait les parties les
« plus élevées? De tels vaisseaux pourraient naviguer
« sans lest. Ils auraient une durée et une solidité incom-
« parables.

« Une seconde objection qu'on fait contre ces bois, est
« fondée sur leur trop grande dureté.

« Cette objection, qui prouve leur bonté, a cependant
« quelque fondement, en ce que la main-d'œuvre de char-
« pente des vaisseaux en serait augmentée; maison en serait
« amplement dédommagé par leur plus grande durée,
« et par les radoubs qu'on serait dispensé de leur faire.

« Une troisième objection se tire de la difficulté de
« l'exploitation et des frais de transport de ces bois;
« on prétend qu'ils nous reviendraient trop chers.

« C'est cette objection qu'il convient essentiellement de
« repousser : J'ai exposé en détail, et en donnant le calcul
« des frais nécessaires, les moyens de faire une exploi-
« tation en grand de ces bois dans la Guiane. Ce calcul
« fait avec attention m'a prouvé que ces bois, bien
« meilleurs et plus durables que les nôtres, ne coûte-

« ront pas rendus dans nos ports 2 francs 25 centimes
« le pied cube ; et nos bois de chêne employés pour la
« construction, nous reviennent à beaucoup plus.

« Un autre moyen encore plus économique serait de
« faire construire dans le pays de grosses flûtes ou ga-
« bares à fond plat, que l'on enverrait en France,
« remplies de bois de construction. Il y aurait beaucoup
« d'autres détails à ajouter, sur les bois, sur les con-
« structions, sur les armements et sur diverses autres
« parties, qui exigeraient un grand développement ;
« mais il suffit, pour le moment, d'établir les principes
« et de poser les bases des objets les plus saillants.

CHAPITRE SEPTIÈME.

INSCRIPTION MARITIME.

L'INSTITUTION de l'inscription maritime, qui existe depuis très-long-temps en France, et qui était connue ci-devant sous le nom de *classes*, consiste à inscrire ou classer les marins de la dépendance de chaque port, dans des registres tenus à cet effet, et de les commander au besoin pour le service de l'armée navale, par tours également répartis.

On aurait tort de trouver à redire à cette institution de l'inscription maritime; mais il est nécessaire de la diriger sagement, et de la bien surveiller : il convient d'avoir grande attention de ne confier les places de ce genre qu'à des hommes probes et éprouvés, ayant la droiture, l'impartialité et la bienveillante attention nécessaires pour faciliter l'accroissement des Marins, et l'avancement de la navigation qui doit être le premier but, d'une administration de Marine bien entendue.

Les fonctions d'un Commissaire à l'inscription maritime sont purement civiles : il doit-être le père et le protecteur des matelots : ces fonctions ramenées à leur simplicité, et à leur but utile et raisonnable, exigent un seul homme, mais un homme parfaitement honnête, et qui se soit élevé d'une petite place à une plus importante, par l'épreuve qu'on a faite de sa conduite et de son caractère. on a mis souvent beaucoup d'indifférence dans la nomination de ces emplois : on s'est plaint de quelques abus, qui ne provenaient pas de l'institution , mais du mauvais choix des sujets établis pour la diriger , du peu de sévérité et d'attention à faire inspecter sûrement cette partie du service , à réprimer les coupables , et encourager les bons serviteurs.

C'est du bon service, et de l'intelligence de ces Commissaires , que peut dépendre en partie l'avancement et la prospérité de la navigation marchande, fondement essentiel de la Marine militaire. Outre les fonctions ordinaires attribuées aux Commissaires de l'inscription maritime, on les rendrait fort utiles en les chargeant de s'occuper des moyens de promouvoir et d'encourager la navigation marchande et le commerce maritime , les pêches de la Baleine et autres, tant au nord que dans l'hémisphère méridional ; de relever des branches de spéculation de commerce à-présent négligées, d'en ouvrir de nouvelles à l'industrie maritime, de substituer des nationaux aux étrangers qui fréquentent nos ports, d'examiner les accroissements ou diminutions qui surviendraient à cet égard dans leur département, d'en rendre compte et d'en indiquer les causes au ministère. On verrait par une attention suivie accroître les spéculations de notre commerce, et à proportion les Matelots et les ouvriers Marins; on verrait à mesure diminuer très-sensiblement le nombre des malheureux, gens sans ressources et mendiants qui abondent dans la capitale et les autres grandes villes de France, en ouvrant des ressources à un nombre d'infortunés devenus la plupart victimes innocentes des évènements politiques et des réformes dans les finances.

En adoptant cette marche, on aurait beaucoup plus de Matelots à commander en temps de guerre, et en observant les tours avec la plus stricte impartialité, on trouverait les moyens de gêner bien moins le commerce dans les temps de grands armements, qu'on ne l'a fait par le passé.

On pourrait employer encore les Commissaires à l'inscription maritime, à tout ce qui est relatif à l'approvisionnement et à l'utilité des ports de construction de leur voisinage, et ils auraient à cet égard une correspondance suivie avec l'Ordonnateur ou Commissaire en chef de ce port, et avec le Ministre.

Des sujets instruits et élevés dès leur jeunesse dans les emplois d'administration maritime, s'élevant d'une petite place à une plus importante, avec l'espoir toujours subsistant d'obtenir mieux par une continuation de bonne conduite, et par des services intéressants, rempliraient parfaitement le but que l'on peut desirer. Ces places ayant des appointements, et des frais de bureaux différents, suivant l'étendue et l'importance de chaque arrondissement, passeront de l'une à l'autre suivant le mérite, la capacité et l'ancienneté.

Cette institution serait parfaitement bien réglée par de pareilles attentions, auxquelles il conviendrait d'ajouter de fréquentes inspections de quelqu'un des membres du Conseil de Marine, ou de telle autre personne que le Ministre déléguerait à cet effet.

CHAPITRE HUITIÈME.

COMMERCE MARITIME, CONSULS OU AGENTS DE LA MARINE DE FRANCE EN PAYS ÉTRANGERS.

NE nous lassons point de répéter, et d'avoir devant les yeux, que l'augmentation et la prospérité du commerce maritime, intéresse essentiellement l'administration de la Marine de l'État; les Consuls et Agents de la Marine de France en pays étrangers, étant choisis avec attention et sagesse, peuvent contribuer beaucoup à ce but desirable.

Dans les temps désastreux de la révolution, où tout se faisait par boutades et sans réflexion, on a retiré les consulats de la dépendance immédiate du Ministre de la Marine, sous laquelle ils ont toujours été et dû être, pour les placer dans les attributions du Ministre des relations extérieures; et (chose étrange, mais bien analogue à ce qui se faisait alors) on avait changé en même temps le nom de Consuls en celui de Commissaires des relations commerciales. Or quel est le Ministre qui est le plus intéressé à encourager et faciliter les relations commerciales et la navigation, lequel peut donner des ordres utiles et une impulsion éclairée à cette partie, de quel Ministre en dépendent tous les détails, si ce n'est de celui de la Marine?

Les Consuls de France ont avec ce Ministre des rapports continuels et obligés, de tous les jours, par la nature de leurs fonctions ; avec celui des affaires étrangères, ils ont presque uniquement le rapport de la subordination établie par la loi existante, et de leurs appointements, intérêts personnels et nominations.

Il paraît très-à-propos et même urgent de revenir sur cette disposition, qui a été une affaire de circonstance. Les Consuls réunissent les fonctions de Commissaires de la Marine et de l'inscription maritime, celles des Juges-de-Paix, des Tribunaux de Commerce maritime, et des officiers de l'état civil des Français.

Les Consuls de France, par une connaissance approfondie des ressources, des productions et des dispositions locales des pays où ils sont délégués, par une expérience suffisante de l'administration maritime et de notre commerce, peuvent contribuer beaucoup à son amélioration. On peut encore tirer avantage de leur résidence, pour assurer divers approvisionnements utiles à la Marine, d'une manière plus économique, comme chanvres, bois et mâture, goudron, métaux, etc., dont les transports seraient faits par des bâtiments Français.

Pour obtenir ces heureux résultats, il convient que ces places soient données à ceux qui en sont capables, et qui ont acquis l'instruction nécessaire, dans l'administration maritime essentiellement ; à ceux qui ont donné des preuves de leur probité et de leurs talents, dans des emplois de moindre importance, et à qui on présentera encore une perspective d'avancement et d'augmentation, par suite de services plus distingués. Il est essentiel que les individus employés dans les Consulats, connaissent les langues des pays où on les destine.

Ils commenceraient dans cette carrière, par occuper des places de Chanceliers ou autres, sous les yeux et sous les ordres directs d'un Consul : ils passeraient de là à une place de Vice-Consul, détaché dans un département séparé sous la dépendance du Consul-Général; ensuite ayant un égard unique et constant au mérite et à la bonne conduite, ils parviendraient aux places de Consuls et de Consuls-Généraux, d'après le mérite et l'importance de leurs services : et encore dans cette situation, ils auraient la perspective d'être employés auprès du ministère, soit comme chefs de division, soit comme membres du Conseil de Marine.

En observant cette marche, et faisant faire des inspections dans les Consulats, toutes les fois que le Ministre le jugerait à propos, par des personnes impartiales et éclairées, on serait assuré d'avoir une excellente gestion. On a souvent par le passé, suivi une marche très-contraire aux vues qui précédent; et (il faut le dire) le Ministère des affaires étrangères n'a pas à sa disposition, en hommes et en éléments de service, les moyens de pourvoir convenablement à une partie qui, dans le vrai, est toute maritime.

Quant aux progrès que pourrait faire notre commerce maritime, et à l'utilité que retirerait la Marine d'une attention suivie donnée à cette partie du service, on se bornera à indiquer quelques-uns des principaux objets actuellement négligés, ou même entièrement délaissés.

Notre propre cabotage, le transport de nos vins et productions principales, qui se fait en grande partie par des vaisseaux étrangers. Les pêches de toute espèce et dans toutes les mers et parages du globe, dont les étrangers retirent de si grands avantages, et qui sont en partie nulles pour nous, les pêches de baleines, des veaux marins, et poissons à huile non-seulement dans le nord, mais jusques vers les hautes latitudes antarctiques, celles des harengs, maquereaux, du corail, des thons, saumons et morues, espèce de navigation qui est reconnue comme la plus favorable de toutes à la conservation et à la santé des Marins.

Des extractions de bois de chêne pour la Marine, de diverses contrée de l'Europe, l'exploitation de très-beaux bois de construction incorruptibles, dans diverses parties de la zône torride, d'autres propres à l'ébénisterie, appelés *bois de couleur*, dont on connaît un nombre d'espèces bien supérieures encore en beauté à l'acajou si recherché.

Diverses branches de commerce négligées dans la méditerranée, dans la mer Noire, d'où on pourroit tirer beaucoup de munitions navales à meilleur compte, et où l'on débiterait des produits de notre industrie et de nos manufactures.

Le commerce de la mer Baltique, et les approvisionnements de chanvres, de goudron, de bois de mâtures, et autres que l'on pourrait traiter en droiture, de meilleure qualité et à des prix plus avantageux, en épargnant les sommes qui se paient annuellement aux étrangers pour les transports et frets de ces munitions. Je copierai ici ce que j'ai dit à ce sujet il y a un nombre d'années, (en 1775) et consigné dans un mémoire que je donnai dans le temps au Ministre de la Marine.

« La Russie fournit à la Marine des différentes nations
« Européennes, du chanvre, des planches, des bois de
« sapin pour mâtures, des fers et du goudron : leurs ports
« de Riga et de Cronstad, où ces objets se chargent, ne
« sont ouverts, (c'est-à-dire libres de glaces) que depuis la
« fin de mai jusqu'à la fin d'octobre.

« Le nombre des vaisseaux étrangers et sur-tout des
« Anglais qui font ce commerce, est à celui des vaisseaux
« Français plus de cinquante pour un. Je conseillai au

« Ministère de faire plus d'attention à cette branche de
« commerce qui nous fournit les matières premières de la
« Marine. Une foule de vaisseaux Hollandais et autres
« transportaient continuellement dans nos ports ces mar-
« chandises soit pour les arsenaux du Roi, soit pour les
« négociants : j'ai été à même de bien vérifier (disais-je)
« qu'il ne nous vient que les qualités inférieures, quelque-
« fois même les parties avariées et rebutées de ces matières,
« et que nous les payons le double du prix auquel on peut
« les acheter dans les pays d'où elles sortent ; outre qu'en
« faisant ce commerce par nous-mêmes, il se formerait
« autant de bons matelots, de bons pilotes, de bons offi-
« ciers de mer, dont nous avons, Dieu sait, grand besoin.

« Quant aux approvisionnements pour les arsenaux de
« Marine, on retirerait le plus grand avantage, et on trou-
« verait beaucoup d'économie, d'expédier toutes les années
« pour la mer Baltique quelques-unes des flûtes ou gabares
« du Roi, au lieu de faire venir dans nos ports des bâti-
« ments Hollandais : ces gabarres armées d'un nombre
« modéré de matelots, et commandées par des Officiers de
« choix fourniraient aux jeunes Officiers et aux Aspirants
« de la Marine des occasions de s'exercer. Les chargements
« se feraient par les Consuls de France, et des personnes
« des ports qui auraient fait à l'avance les achats dans le
« pays. Des sujets fidèles et intélligents chargés de ces
« commissions, procureraient les matières de la meilleure
« espèce à moitié de ce qu'elles coûtent par les moyens
« actuels. »

C'est un calcul que j'ai fait dans le temps, sur les prix
qui étaient alors courants : les prix doivent avoir changé
depuis ce temps, mais les rapports et proportions entre
ceux du pays, et ceux des objets rendus dans les ports
restent au moins les mêmes.

On pourrait ne tirer directement de Russie que les chanvres : quant aux mâtures , planches , bordages et fers, on les aurait bien plus à portée et à meilleur marché à Gottembourg en Suède, et les goudrons à Stockholm, ou en Finlande.

Si on n'employait pas à ces transports les bâtiments de guerre, du moins il est juste d'encourager nos bâtiments marchands à ce commerce, de préférence aux étrangers. Il importe au Ministre de la Marine de faire cesser un aussi grave inconvénient.

Ces conseils furent tellement écoutés et appréciés dans le temps par M. de *Sartine*, alors Ministre, que dès l'année suivante il expédia des gabarres du Roi pour aller chercher des mâtures et autres munitions navales, dans la mer Baltique, à Riga, etc. ; où il avait envoyé à l'avance un Ingénieur-Constructeur et un Maître mâteur pour le choix des objets. Cette mesure se continua pendant plusieurs années; en 1784 il fut expédié onze bâtiments, sous le commandement de M. *Missiessy-Quiés*, alors Capitaine de vaisseau , pour la mer Baltique.

Ce plan exécuté avec attention et constance eût procuré de grands avantages ; mais les menées et les intrigues des fournisseurs avides de gain, parvinrent à le faire abandonner : rien ne doit empêcher d'y revenir.

CHAPITRE NEUVIÈME.

COLONIES.

Le Ministre de la Marine est chargé de l'administration des Colonies et de la nomination à tous les emplois. Les faux systêmes, les rapports infidèles, l'intrigue, la mauvaise foi et les vues intéressées, avec le faste de la dépense et des emplois inutiles, ont envahi cette partie de l'État, encore plus que les autres. Les dépenses ont augmenté de toutes parts, tandis que les Colonies sont presque anéanties, ou passées entre les mains de l'Angleterre.

Tels qu'ils sont, ces établissements lointains peuvent encore, par un plan sage et bien dirigé, ouvrir de grands moyens au commerce et à la navigation marchande, à l'industrie nationale et à la Marine.

Le premier moyen, et le remède aux maux dont les Colonies peuvent être affligées, et dont on a à se plaindre, est de faire un excellent choix des administrateurs en chef de chaque Colonie, et par une suite nécessaire et immanquable les places subalternes seraient mieux remplies. Mais pour assurer et consolider la réussite de cette utile résolution, il est à-propos d'établir une progression de places, de services et d'emplois, à la suite d'un certain temps d'épreuve et d'instruction, par laquelle progression on s'éleverait d'une place de moindre importance, à une meilleure, et à un emploi en chef, dans les Colonies, comme dans les ports, et encore dans les Consulats de France; et à cet égard, la même pépinière d'élèves pourrait convenablement fournir d'excellents sujets pour ces trois branches du service maritime.

Sans cette disposition religieusement observée, d'un avancement progressif donné au mérite et aux bons services, il arriverait trop souvent que les places dans les Colonies, avec encore plus d'inconvénient que partout ailleurs, seraient données à des personnes qui n'auraient ni les qualités, ni l'expérience nécessaires; à des espèces de Proconsuls, ou dépositaires de toute autorité, dans des pays qui (par leur éloignement, et la nature de leur population et de leurs cultures) exigent encore plus d'attention et de connaissances que tout autre dans le choix de leurs gouvernants.

Si c'est une triste vérité que presque par-tout les hommes sont bien mal gouvernés; cette vérité a toujours été plus particulièrement applicable aux Colonies de tous les temps et de toutes les nations. Les Colonies de l'ancienne république romaine étaient gouvernées despotiquement et arbitrairement dans les temps les plus libres de la république : on voit de nos jours celles des peuples de notre Europe, même de ceux jouissant d'une constitution libre, gémir sous le joug arbitraire de la mère-patrie, ou des caprices des mandataires de leur Souverain : nous avons vu l'excès de ce despotime amener la séparation d'une partie immense du continent de l'Amérique d'avec sa métropole; et nous voyons actuellement la lutte prolongée de tout le reste de ce vaste continent, pour se soustraire au joug insupportable de l'Espagne. Par-tout la même cause produira toujours le même effet.

Pourquoi le despotisme existe-t-il donc dans le gouvernement de presque toutes les Colonies ? Cette manière d'être serait elle inhérente à leur nature ? Non: le despotisme est un monstre en politique; il n'existe que par abus, et contre l'intention du Souverain au nom duquel on l'exerce, et de la mère-patrie, chez toutes les nations, et dans toutes les formes de Gouvernement.

Essayons quelques idées sur celle qui doit convenir le mieux aux Colonies. Sous notre Gouvernement constitutionnel, il faut que tous les individus des Colonies jouissent d'une liberté raisonnable, sans que les cultures et les travaux soient diminués ni dérangés. La suppression enfin consolidée de la traite des noirs, exige plus que jamais à l'égard des nègres cultivateurs, un traitement humain et raisonné, qui loin de nuire aux produits des habitations et aux intérêts des propriétaires, leur sera au contraire avantageux : je l'ai dit depuis long-temps, et j'en ai fait moi-même l'expérience incontestable.

La forme qui a existé précédemment dans les temps de la monarchie antérieurs à la révolution, pour le Gouvernement des Colonies était ainsi qu'il suit :

Le Gouverneur chargé principalement du commandement et des dispositions militaires pour la protection, la défense et la sûreté du pays, n'en dirigeait pas les dépenses ni la finance, dont l'administration était confiée supérieurement à un Intendant ou Ordonnateur. Dans les affaires civiles et administratives, le Gouverneur ne pouvait rien sans le concours de l'Intendant ; et chacun de ces deux chefs ayant son pouvoir réglé par les lois de la Marine et des Colonies, et par ses instructions, ils devaient se concerter ensemble pour les dispositions générales d'administration de la Colonie. Ces deux autorités qui s'éclairaient et se conseillaient mutuellement, servaient aussi de balance l'une à l'autre contre les abus ou excès de pouvoir. D'accord ils pouvaient tout ce qui est légal et juste; ils ne pouvaient rien d'arbitraire ni d'injuste. Il leur était défendu de se mêler des affaires litigieuses, autrement qu'en prêtant, au desir des juges, main-forte, secours et protection. Il leur était défendu de faire aucun commerce, ni spéculation lucrative, même de posséder des habitations, ni de retirer aucuns émoluments ou rétributions des particuliers, ni de la Colonie.

Au lieu de ces deux chefs, on a jugé à propos tout nouvellement, de n'en avoir qu'un seul et de réunir les deux pouvoirs entre les mains d'un Gouverneur militaire. Il est à desirer qu'on se trouve bien de cette mesure, qui simplifierait beaucoup le service, comme de rétablir dans les ports et arsenaux un seul chef, comme était naguères le Préfet maritime. Si cette épreuve donne des résultats favorables, il conviendra, dans tous les cas, pour établir une balance de pouvoirs, de donner à un Contrôleur ou Inspecteur colonial bien choisi, des fonctions de surveillance, de sanction et vérification des dépenses, de représentation, et de correspondance directe avec le Ministre.

Il faudra pour le même but un Procureur-Général du Roi pour la police et surveillance des tribunaux judiciaires, et donner aussi aux Colonies une assemblée représentative pour discuter l'impôt, et les grands objets d'administration locale et municipale.

Il est très-nécessaire aussi de réformer le mode désastreux qui a été suivi assez constamment de changer les chefs suprêmes de nos Colonies, tous les deux ou trois ans, la plupart ne s'étant occupés que de leur fortune pendant des missions aussi passagères, et n'ayant fait qu'augmenter le mal, au lieu d'y remédier.

Si aux précautions indiquées pour la nomination des principaux Agents, on ajoute l'attention convenable de la part du Ministère, à tout ce qui peut assurer l'ordre public, et une sage législation, il est plus que probable que les Colonies n'auront qu'à se louer à l'avenir du Gouvernement, que l'on verra cesser les abus, et renaître la prospérité de ces possessions importantes.

Lors de l'assemblée nationale, en 1790, on agitait les projets sur l'organisation des Ministères, le rapport qui fut fait au nom du comité de constitution renfermait le projet de séparer le ministère des Colonies, de celui de la Marine : cette séparation fut contredite par un nombre de personnes, comme présentant plusieurs graves inconvénients, et on prouva au contraire que la réunion de ces deux parties ne présentait aucune difficulté.

Si on dit avec quelque vérité que *le trident de Neptune est le sceptre du monde*, c'est dans les Colonies que l'on trouve la preuve incontestable de la justesse de cet axiôme.

C'est au Ministre de la Marine à pourvoir à la sûreté et à la défense des Colonies, à leur protection et à leur approvisionnement. Si on séparait les Colonies de la Marine, on verrait s'élever sans cesse des conflits d'autorité et de fonctions entre les deux Ministres ; il y aurait des oppositions continuelles de systêmes, défaut d'unité dans l'action, et il en résulterait une augmentation dans les dépenses.

L'un de ces Ministres voudrait hérisser toutes nos îles, et nos établissements coloniaux, de fortifications, de batteries : il favoriserait les projets les plus ruineux de cette espèce, et les demandes des Colonies ; ce qui ne dispenserait pas le Ministre de la Marine de pourvoir de son côté, et par les moyens à sa disposition, à la défense et protection des Colonies. En cas d'événe-

ment, chacun de ces Ministres, craignant de compromettre ses devoirs particuliers et de se démunir, refuserait
à l'autre les secours dont il pourrait croire n'avoir pas
une suffisante abondance; et ce défaut d'union, d'assis-
tance et concours réciproques, cette défiance mutuelle,
ne pourrait même être blâmés, d'après la loi de la responsabilité.

Le travail du comité de constitution, dans cette division projetée en deux départements, pouvait lui-même
fournir la preuve que ce conflit de fonctions entre les
deux Ministres serait continuel :

1° En conservant au Ministre de la Marine les Consulats, le Comité lui ôtait les comptoirs de la côte
d'Afrique hors de la Méditerranée, ceux d'Asie et des
Indes, et par conséquent on retirait de son autorité,
surveillance et correspondance, les Agents chargés de
ces comptoirs, qui ne sont cependant que des Agents
de la Marine, à bien considérer la chose : tels sont ceux
de Moka, de Batavia, de Canton, de Manille, de Bas-
sora, etc., qui n'ont presque d'autres fonctions que
celles qui ont rapport à la police de la navigation marchande, à l'inscription maritime, et aux relâches des
bâtiments de l'État.

2° En donnant les Colonies à un Ministre séparé,
le Comité ne put se dispenser de proposer de laisser au
Ministre de la Marine, *la disposition des forces navales,
relativement à la protection du commerce, et à la défense
extérieure des Colonies, les établissements et Magasins
faits et à faire pour la Marine, ainsi que l'administration
et la police des classes des gens de mer, la police des
ports et rades des Colonies;* d'où résultait la nomination
des Officiers civils et militaires, et de tous les agents et
employés nécessaires à ces divers détails et fonctions.

Lorsque en l'année 1800, on m'avait chargé spécialement des Colonies, dans la formation du Conseil-d'État, le projet du Gouvernement était encore de séparer cette partie de l'administration, d'avec le Ministère de la Marine, et d'en faire un Ministère à part; je fus le premier à démontrer les inconvénients de cette séparation, et je préférai rester sous l'autorité du Ministre de la Marine, plutôt que de donner mon assentiment à une disposition qui pouvait m'être particulièrement avantageuse, mais qui présentait le danger d'être nuisible à la régularité du service : et la séparation ne fut pas effectuée; comme il est à souhaiter qu'elle ne le soit jamais.

En effet puisqu'un même Ministre a pu être chargé de ces deux parties réunies, lorsqu'il avait à s'occuper de leur législation et de leur administration intérieure; comment ne le pourra-t-il pas à-présent que le travail du Ministère relatif aux Colonies, sera réduit de plus de moitié de ce qu'il était précédemment. Concluons qu'il est préférable pour l'économie, et pour l'unité d'action, de confier les détails relatifs aux Colonies à un chef de division, ou Directeur des Colonies, sous les ordres immédiats du Ministre de la Marine.

Entrons dans quelque discussion sur chacune de nos Colonies, quoique dans leur situation infiniment réduite : tâchons d'exposer en gros les moyens que la métropole peut y trouver, pour l'accroissement de son commerce, et l'encouragement de l'industrie nationale. Il entre certainement dans les vues d'un Gouvernement éclairé et et bienfaisant de tirer le plus grand parti possible de nos Colonies, telles qu'elles sont. Dépenser à propos, et avec intelligence et prévoyance, pour leur amélioration et leur avancement, c'est semer pour recueillir.

§. 1. Saint-Domingue n'existe plus pour la France ; il existe cependant ; mais sous trois ou quatre autorités et régimes très-opposés. Il fut un temps, où l'île toute entière appartenant à la France de fait, comme elle paraît encore lui appartenir en grande partie, par le droit des traités entre les Rois de l'Europe ; il fut un temps, dis-je, où j'avais presque la certitude de maintenir cette belle possession, sous le Gouvernement de France, avec un régime libéral, et qui aurait tout concilié : mais les circonstances impérieuses de la guerre, et la faiblesse de nos moyens maritimes, empêchèrent la mise à exécution de ces grandes et utiles vues. Cessons d'exhaler des regrets superflus, et d'entretenir des espérances impossibles à réaliser.

Mais serait-ce une chimère d'espérer qu'un jour, qui pourrait n'être pas bien éloigné, toute l'île (étant sous le même régime libre, indépendant et constitutionel, ayant une représentation nationale, des lois fixes et reconnues dans toute son étendue, un Président ou chef électif de cet État indépendant,) se liera avec la France constitutionnelle, par des accords cimentés par les anciennes habitudes, par la similarité de langage, et de constitution, par une reconnaissance formelle que nous ferions de cette indépendance, avec la cession de tous les droits et prétentions qui peuvent résulter des traités Européens? Ces liens seraient encore renforcés par un traité de commerce portant des clauses favorables aux deux partis, par la nature des objets de manufactures et des productions territoriales de la France, qui auront toujours là une préférence décidée.

Dans cette hypothèse, qui n'est point une chimère, si la chose est conduite avec sagesse, le commerce maritime de France trouvera là de très-grands avantages.

§. 2. La Guiane Française, qui occupe une vaste étendue dans le continent de l'Amérique méridionale, est un pays sain, quoi qu'on en puisse dire, pays très-habitable, où toutes les sortes de spéculations et d'industrie peuvent s'exercer avec de sages combinaisons, et des bras. Cette seule Colonie peut dédommager la France de la perte de Saint-Domingue, et autres, si elle est administrée et dirigée convenablement, et si on tire parti de toutes ses ressources. Je prendrai la liberté de recommander à cet égard les vues et renseignements positifs que j'ai donnés depuis 1790, dans un ouvrage intitulé *Exposé des moyens de mettre en valeur et d'administrer la Guiane Française.*

§. 3. Les possessions françaises du Sénégal, de l'Ile Gorée, et autres Colonies que l'on pourrait former sur la côte d'Afrique, et sur la côte orientale de cette même partie du monde, sous la surveillance et direction des chefs de l'île de Bourbon, pourront aussi, avec une bonne et sage direction, fournir une grande augmentation de moyens au commerce maritime. On ne fera plus dans ces contrées le commerce réprouvé des esclaves; mais on y cultivera avec des hommes du pays, et avec beaucoup plus d'avantage et de sûreté, on y verra de nouvelles branches de spéculation remplacer amplement celle de la traite des noirs, qui faisait honte à l'humanité.

On allait, avant cette révolution, chercher dans un autre continent une race d'hommes d'une autre couleur que nous, et plus faits aux climats de la zône torride, pour cultiver, dans nos Colonies, le sucre et les autres denrées précieuses, qui ne pouvaient l'être avec autant d'activité par des Européens, sans compromettre leur santé et leur existence, sous ces climats brûlants auxquels ils ne sont pas accoutumés. La législation actuelle ne permet plus ce moyen de peupler nos Colonies : c'est un motif de plus pour ménager et traiter convenablement la population indigène qu'on y a trouvée presque par-tout : on devra les attacher à notre Gouvernement par une conduite prudente et raisonnée, instruire et civiliser ceux qui sont susceptibles de l'être, encourager parmi eux ces cultures qui leur sont déja en partie connues. Ils prospèreront et augmenteront leurs moyens sous un Gouvernement doux et éclairé, sous un climat et sur un sol favorables à la population, et où les subsistances croissent abondamment, et sans beaucoup de peine.

Voyez l'Indoustan, et le Bengale : toutes ces cultures y réussissent parfaitement, par le travail des noirs indigènes, parmi lesquels il n'y a point d'esclaves.

Que les habitants propriétaires dans les îles à sucre, traitent leurs nègres cultivateurs avec humanité et attention. Loin d'avoir besoin de recruter cette population, par de nouvelles importations jadis très-coûteuses, elle s'accroîtra d'elle-même par les effets d'un régime plus attentif : on le sait par l'expérience de plusieurs habitations qui ont maintenu, augmenté même, leur population par le seul effet d'un traitement humain et raisonnable. Je me contenterai d'en citer une, que j'ai vue par moi-même à l'Ile-de-France, dans laquelle huit grandes personnes avaient procréé vingt-six enfants.

§. 4. La Martinique et la Guadeloupe avec ses dépendances qui sont l'île de Marie-Galante, les Saintes et la moitié de l'île Saint-Martin (l'autre moitié appartient à la Hollande); ces Colonies qui sont en pleine valeur, suffisamment peuplées et tranquilles, peuvent continuer de prospérer, et de procurer des moyens à notre commerce maritime, et à la Marine militaire les occasions de s'exercer.

§. 5. L'île de Bourbon est dans le même cas, et a l'avantage de produire une quantité d'excellent café, et de cultiver avec le plus grand succès les épiceries de l'Inde. Sa position est précieuse, pour servir d'intermédiaire et de point d'appui, à notre correspondance et communication maritime avec les Indes orientales, de même qu'à l'exécution des projets de Colonies que l'on pourrait très-convenablement tenter tant à la côte orientale d'Afrique, qu'à Madagascar, où les Français et leur Gouvernement ont toujours été chéris et respectés.

§. 6. Parlerai-je de nos comptoirs de l'Inde à la côte Malabar, à la côte Coromandel et au Bengale, dans leur état réduit et presque nul ? Nous pourrions y être sur un pied infiniment brillant et respectable : les événements politiques, les erreurs et négligences des différents Gouvernements qui se sont succédé en France, et qui ont rarement su apprécier la conduite à tenir dans cette partie du monde, ou qui même n'y ont apporté aucune attention, ni mis aucun intérêt, sont les causes les plus saillantes de cet état de choses.

Au reste il y a des motifs de consolation qui se présentent, avec des raisons d'espérer une amélioration dans l'avenir, par le respect et la vénération que ces peuples doux et tranquilles conservent et conserveront toujours pour la nation Française et son Gouvernement qui n'a jamais été à leur égard oppresseur, ni injuste, qui n'a jamais paru dans ces contrées comme usurpateur et violateur des droits des peuples, ni de leurs souverains reconnus, qui ne possédait des territoires dans les diverses parties de l'Indoustan, qu'à titre de concession légale et authentique du Souverain légitime, le grand Mogol, etc. Lorsque nous avons eu la guerre dans ces contrées, ce n'a jamais été que pour la défense de nos droits et de nos possessions, et pour la protection de nos alliés, contre une nation rivale et ambitieuse. Les événements de ces guerres qui ont eu lieu à diverses époques, ont laissé dans l'esprit des Indiens une opinion très-avantageuse de la bravoure et des talents militaires des Français : ils nous chérissent et nous regrettent.

De plus, en général, malgré les disparates et la légèreté, et autres défauts que l'on peut à juste titre reprocher au caractère Français dans la conduite de quelques individus, il est orné de qualités précieuses qui le font aimer, dans tous les pays lointains, que nous avons été dans le cas de fréquenter. Ces qualités consistent essentiellement dans une affabilité, une politesse franche et amicale, une facilité de communication, des égards pour les bienséances et le droit d'autrui, que beaucoup d'autres nations ne possèdent pas et n'exercent pas aussi invariablement. C'est ce qui nous donne une préférence marquée dans les pays lointains sur toutes les autres nations européennes qui les ont visités et habités. J'ai lu avec sensibilité, ce que dit si élégamment *Lady Morgan*, sur le caractère Français, dans son ouvrage intitulé LA FRANCE. Croirait-on que dans les pays les plus intérieurs des États-Unis, dans les voisinages du Canada et de la Louisiane, que nous ne possédons plus depuis un grand nombre d'années, les peuples indigènes, ou tribus sauvages, se souviennent encore des Français, et les traitent avec préférence et attention, lorsqu'ils en rencontrent quelques individus isolés.

Ne portons point envie à la puissance colossale des Anglais : elle est fondée sur les bases toujours chancelantes et peu solides de l'ambition, de la rapine, et de l'injustice : elle procure à un nombre d'individus des fortunes indécentes et exorbitantes, qu'ils vont, au bout de quelques années de séjour aux Indes, étaler avec un insolent orgueil dans leur mère-patrie, regardant avec dédain et indifférence, ou plutôt ne faisant aucune attention à une immense population qui gémit dans la misère, et réclame les secours de la taxe des pauvres.

Un tel ordre de choses subsiste, contre l'intérêt national, et sur-tout contre le vœu et les sentiments libéraux bien connus des hommes vertueux de cette nation, qui la voient avec peine entourée de causes de démoralisation et de ruine. Ils voient avec peine que les Anglais sont très-généralement haïs et détestés dans l'Inde par les peuples et les princes, plus encore qu'ils ne sont craints, et que leur empire si étendu, y sera néanmoins très-précaire, lorsqu'une *sainte alliance* le voudra.

Il y en a, de ces hommes libéraux et à sentiments droits, qui voient, comme moi, que ce commerce des Indes, qui encombrent leurs magasins dans la métropole de marchandises dont la plupart sont en concurrence avec les produits de l'industrie nationale et de leurs manufactures, est une des grandes causes de la misère et des difficultés que ressentent les villes manufacturières d'Angleterre, et leur active population.

Préférons à cet état de choses qui fait horreur, et qui n'est soutenu que par l'avidité et les vues sordides et intéressées des hommes qui influent dans les décisions ministérielles, et qui en profitent; préférons, dis-je, notre situation réduite et faible; préférons l'attachement, l'estime et les regrets des peuples, à la haine et à la crainte que les Anglais leur inspirent.

Soutenons et entretenons ces comptoirs, comme un point d'appui à diverses autres opérations dans tout l'océan indien; mais ne nous persuadons pas qu'il y ait un très-grand avantage pour la nation au commerce de l'Indoustan, en ce qui concerne l'importation des toiles, mouchoirs et mousselines, tous objets qui sont en rivalité avec nos manufactures, et nuisent à leurs débouchés.

CHAPITRE DIXIÈME.

CORPS MILITAIRE DE LA MARINE.

LE corps militaire de la Marine est essentiellement destiné à commander et à conduire à la mer les vaisseaux de l'État, soit en paix, soit en guerre, et à faire toutes les opérations dans lesquelles la politique du gouvernement et les vues du ministère peuvent exiger la force ou la présence des armées navales, des escadres et des bâtiments de guerre.

Ce corps a cela de beau et de remarquable, et qui le distingue essentiellement de tous les autres corps militaires, c'est qu'il n'est pas moins utile et agissant en temps de paix, qu'il a même des fonctions et des opérations plus grandes, plus belles, plus intéressantes pour l'humanité et pour la prospérité publique, que dans les temps désastreux de la guerre.

C'est dans les temps de paix que l'on peut, avec plus de succès, parcourir tous les parages du globe, y porter une réunion choisie d'hommes savants et à grands talents pour reconnaître les côtes, les pays encore ignorés de notre globe, leurs gisements, leur situation et leur navigation côtière, les mœurs, coutumes et usages des peuples qui les habitent, les ressources qu'ils peuvent offrir à notre commerce, et les curiosités et raretés qui s'y trouvent, afin de propager les connaissances humaines et d'étendre l'empire de la raison et de la civilisation, et d'augmenter en même proportion nos moyens de commerce, de jouissance, et de prospérité nationale.

C'est dans les temps de paix que les vaisseaux de guerre peuvent transporter les effets et les individus nécessaires pour fonder des colonies, et placer dans une situation prospère, par des moyens utiles, louables et vertueux, une population corrompue par les vices d'une trop grande réunion d'hommes dans nos contrées, et procurer à des gens sans ressource, les moyens de vivre agréablement et de prospérer par leur travail.

Ce qu'il y a d'admirable encore, dans la composition et dans l'administration et dépense de ce corps militaire de la Marine, c'est qu'on n'a besoin d'en solder constamment que les Chefs et les Officiers, et que le plus grand nombre des subalternes exerce sa profession, et gagne amplement sa vie dans le commerce maritime, sans interruption, pour n'être soldés que lorsqu'on les appelle pour être mis en activité de service. Il résulte de cette manière d'être une immense économie, comparativement aux autres corps militaires, dans lesquels tous les individus supérieurs et subalternes, sont tenus aux drapeaux et constamment payés.

Les Marins doivent se former jeunes à la mer ; c'est à la mer et sur les bâtiments qu'ils apprennent leur métier : c'est en voyageant beaucoup, et en éprouvant des événements et des circonstances diverses. C'est dans le bas âge que l'on peut s'accoutumer à la vie de marin, au climat, aux habitudes et au séjour de la mer, et y prendre goût. A un âge plus avancé, lorsque le tempérament est formé et les habitudes prises, on ne suit plus cet état que par raisonnement, par nécessité ou par devoir, dans l'espoir de parvenir : il faut se faire effort à soi-même pour supporter ce séjour.

L'étude des Mathématiques et la théorie sont sans doute très-avantageuses et recommandables : la Marine renferme tant d'arts divers, qu'un bon marin ne saurait être trop instruit ; mais, outre qu'on peut concilier l'étude et la théorie avec la pratique et le séjour des vaisseaux, on ne doit pas se dissimuler qu'un marin peut être excellent manœuvrier, actif dans toutes les opérations de son métier, brave et intelligent dans le combat, qu'il peut faire des actions brillantes, sans être un profond mathématicien ; que celui, plus savant, qui manquera d'habitude et de pratique, sera toujours obligé d'amener le pavillon au premier.

Je conclus de ces observations générales, 1° que c'est à tort que l'on tient long-temps dans les colléges et aux études mathématiques les jeunes gens que l'on destine à être Officiers de Marine, tandis qu'ils devraient être à la mer, qu'il faudrait qu'ils fussent déja marins, ayant vu les grandes navigations, à l'âge où l'esprit est assez formé pour suivre avec succès les études mathématiques.

2° Qu'il n'est aucunement possible, en temps de paix, que l'État fasse assez d'armements, et supporte la dépense nécessaire, pour faciliter à six cents jeunes gens au plus (nécessaires formant une pépinière suffisante pour la Marine militaire), des occasions assez multipliées de naviguer, de s'exercer à leur profession, et de se rompre au séjour de la mer.

3° Que si la guerre survient, à la suite de plusieurs années de paix, si on entretient sans cesse sur pied un corps de Marine aussi nombreux, il s'en trouvera un grand nombre qui auront perdu l'habitude et la pratique de leur profession.

Ces difficultés, ci-devant en apparence insurmontables, se trouvent maintenant fort applanies par les principes constitutionnels bien consacrés ; tous les hommes, avec du mérite, peuvent aspirer à tous les états ; le commerce n'est plus interdit, comme il l'était, par les anciens préjugés de la noblesse ; les excellents Marins du commerce peuvent trouver de l'emploi et obtenir des grades et de l'avancement sur les vaisseaux de l'État, en temps de guerre ; les jeunes gens et les Officiers de la Marine militaire pourront s'exercer, et s'employer à des opérations de commerce en temps de paix, et cette faculté leur sera très-avantageuse à bien des égards.

Le commerce maritime, prenant par une suite de ces mêmes principes (et par l'adoption des vues indiquées dans le cours de cet ouvrage), un très-grand accroissement, il s'ouvrira de nouveaux moyens et des spéculations de différents genres, dans lesquelles chercheront à entrer tous ceux qui jadis subsistaient par des emplois onéreux à l'État, ou languissaient dans l'oisiveté, et ceux à qui leur qualité de noble interdisait tout moyen industrieux d'augmenter leurs fortunes.

L'institution et l'instruction, ainsi que le caractère du corps militaire de la Marine en seront bien meilleurs, et l'État trouvera une assez forte économie dans les dépenses. Quant au service des Officiers de la Marine dans les ports, on le rapprocherait beaucoup de celui qui a lieu en Angleterre. Dans chaque port on entretiendrait quelques bâtiments de garde, dont le commandant serait le commandant des armes de chaque port, lequel, avec un petit nombre d'officiers à ses ordres, aurait des fonctions d'inspection, de secours et de protection, et autres obligations analogues à leur état, utiles et instructives pour eux tous : ils assisteraient aux armements et aux mouvements des vaisseaux ; ils auraient, dans les ports et rades de leur dépendance, la police et la protection du commerce maritime.

Il n'y aurait plus de foule d'Officiers réunis, sans activité, dans un seul port ; plus de désœuvrement, et l'inquiétude et les prétentions qui en sont la suite, les tracasseries et l'esprit de département s'éteindraient.

Le Commandant de l'escadre stationnaire dans chaque port assisterait avec avantage le membre du Conseil de Marine envoyé chaque année, ou de temps à autre, pour inspecter les travaux et vérifier les dépenses de l'arsenal.

Ces commandements dans les ports et rades, la garde et l'inspection des côtes, des escadres et divisions, et des petits bâtiments armés en paix, fourniraient aux Officiers de la Marine, plus d'occasions de servir activement, et de s'exercer en temps de paix, qu'ils ne peuvent en avoir dans le système actuel.

La pépinière de ce corps se trouverait, presque sans frais, dans un nombre de jeunes gens, inscrits dans les bureaux des ports et du ministère, sous de certaines conditions, en qualité de volontaires, ou aspirants, lesquels parviendraient au grade d'Enseigne de vaisseau, après un certain temps de navigation, rapportant des certificats authentiques de leur bonne conduite, et des preuves d'une instruction suffisante, après un examen strict et étendu sur les Mathématiques, et sur la pratique du métier. A toutes ces précautions, on pourrait ajouter encore l'obligation de subir un court temps d'épreuve, dans les fonctions d'Enseigne de vaisseau provisoire sur un des vaisseaux du Roi, avant de leur en accorder définitivement le brevet.

Ces jeunes volontaires, empressés de s'embarquer lorsqu'il y aurait des armements pour l'État, ne seraient payés qu'alors. Leurs parents veilleraient à leurs études et à leur conduite : ils les feraient embarquer, autant qu'ils le pourraient, sur les vaisseaux du commerce, pour leur acquérir le temps de navigation exigé : ils y éprouveraient une situation plus active et plus pénible que sur les vaisseaux de guerre, mais en même temps plus instructive ; là ils ne seraient nullement à charge ni à l'État ni à leurs parents, et ils pourraient même y trouver des profits. On a lieu de croire que des Officiers, ainsi formés dès leur tendre jeunesse, seraient d'excellents sujets.

En temps de guerre, on trouverait aisément de quoi porter le corps de la Marine à tel nombre qui serait jugé nécessaire, en prenant au concours, soit ces volontaires, soit les Capitaines-Marchands les plus instruits et les plus estimés.

Il reste à parler ici des armements en course pour compléter l'exposition de mes idées relatives au service du corps militaire de la Marine. Ce sera le sujet du chapitre suivant.

CHAPITRE ONZIÈME.

SUR LES ARMEMENTS EN COURSE.

Je crois avoir assez témoigné, dans les paragraphes qui précèdent, le vœu de voir prospérer et augmenter notre commerce maritime , sans lequel une puissance ne peut se dire vraiment maritime , et avoir une Marine solidement établie.

Puisque le commerce maritime est d'une telle importance pour un pays qui prétend avoir une Marine imposante, il est par conséquent d'un grand intérêt, lorsqu'on est en guerre contre une autre puissance rivale et maritime, de mettre en jeu tous les moyens possibles pour détruire, ou du moins pour harceler, inquiéter et ruiner son commerce. C'est dans cette vue que l'on a, en divers temps , encouragé et favorisé les armements en course , faits aux frais des particuliers.

Je ne suis point d'avis de suivre la même marche : lorsque l'État est en guerre, c'est à lui à faire la guerre ; c'est à son Gouvernement à en diriger exclusivement et secrètement les opérations. On ne peut raisonnablement confier ce droit affreux ni l'existence, le sort et la fortune d'hommes aussi précieux que les Marins, à tout particulier qui aura assez de fonds par lui-même ou par des coassociés, pour faire un mince armement.

Quelle responsabilité offre au Gouvernement cet individu armateur, si son Capitaine abuse de la faculté qui lui est donnée de saisir et arrêter des bâtiments pour en faire des prises , sans une connaissance suffisante des lois de la guerre maritime ; et si, comme il n'arrive que trop souvent, foulant aux pieds toute idée de moralité et de bienséance, il saisit à tort et à travers tout bâtiment qu'il rencontre, pour peu qu'il trouve quelque apparence ou quelque prétexte contre lui ? La caution d'une somme très-bornée peut-elle suffire à couvrir tous les délits de ce genre, et réparerait-elle d'ailleurs l'honneur national qui est sans cesse compromis, dans ces sortes d'entreprises de la manière dont elles sont actuellement organisées? Que fait un Capitaine de Corsaire, aussitôt qu'il a obligé un bâtiment, souvent sans défense, à raisonner ? Il envoie à son bord un Officier et quelques matelots armés : on fouille, on visite tous ses papiers ; on se constitue provisoirement juge de sa propriété, et de la validité de la prise. Le premier acte est de s'emparer de ce qu'on apelle *la chambre*; et sous ce titre on comprend, non seulement les effets, les hardes, les armes, etc., du Capitaine, et des Officiers et Passagers, mais les montres, les bijoux, et les espèces d'or et d'argent qui se trouvent dans la chambre du Capitaine, et autres. Pendant que l'Officier, assisté par quelqu'un de ses suivants, s'empare de la chambre, les matelots ne restent pas oisifs : ils rodent et fouillent par-tout, tout ce qui est mobile et portatif, et de quelque valeur, devient leur proie; chacun d'eux s'accommode sans façon de ce qui lui convient. La prise amenée dans le port, si, au bout de plusieurs mois de formalités de justice, elle est jugée valable, il y a bien des diminutions de valeur, et des soustractions, par l'infidélité et la rapacité de plusieurs intermédiaires qui concourent à l'inventaire, au déchargement, à l'emmagasinement, au gardiennage et à la vente, par les frais de justice, et vacations, par les droits et commissions des armateurs et des agents des prises : et les marins qui ont exposé leur vie, qui souvent ont été (à une sortie subséquente) menés prisonniers chez l'ennemi, sont ordinairement moins bien partagés dans le compte final de répartition, que ceux qui, sans courir aucuns hasards, se sont enrichis à leurs dépens.

Si l'armement un peu considérable a été fait par actions, le peuple actionnaire n'est guère mieux traité que les marins preneurs : ils sont nécessairement obligés de confier leurs intérêts, et la gestion de l'affaire, à un petit nombre de personnes, qui ordinairement ont soin de bien faire les leurs. Les protecteurs de l'armement, à qui on a donné des actions gratuites, afin d'obtenir par leur moyen, des facilités illicites, viennent encore diminuer le juste produit des prises. Lorsque l'armement a procuré des prises suffisantes pour donner du profit (ce qu'on appelle *couvrir l'armement*,) on s'inquiéte peu en définitif de ce que devient le corsaire, avec les matelots, qui le plus souvent, finissent par être pris. Voilà comment les prisons d'Angleterre ont été peuplées (pendant toutes les guerres que nous avons eues avec cette puissance), de plusieurs milliers de marins français qui auraient servi à relever la Marine, et à la sauver de plusieurs grands désastres, s'ils eussent combattu sur des vaisseaux de ligne, et sous les ordres de Capitaines instruits et intrépides, au lieu d'être lancés en pleine mer au hasard sur de petits bâtiments, avec une direction mal combinée, et sous le commandement d'hommes qui ne méritent pas la même confiance.

Si le bâtiment capturé n'est pas de bonne prise, qui dédommagera le Capitaine, et les autres marins et les armateurs des pays nos alliés, de la diminution de valeur de leurs bâtiments, de leurs augmentations de dépenses, du retard et bien souvent de la perte du voyage? C'est presque toujours le gouvernement qui en définitif est la victime de ces opérations illégales, et qui est obligé d'appaiser de justes sujets de plaintes, soit avec de l'argent, soit par des compensations ou sacrifices dans ses négociations politiques; heureux encore si on ne s'est pas attiré, par de semblables actes, l'inimitié d'une nation.

Les inconvénients du mode actuel des armements en course, confiés aux spéculations particulières, sont sans nombre et inappréciables.

Les armateurs et les Capitaines de corsaires, emploient toute leur industrie à attirer, non-seulement les marins étrangers, que la Marine de l'État pourrait également se procurer, mais même à débaucher et suborner les marins français, en leur donnant de fortes avances, en doublant ou triplant les salaires réguliers qu'ils ont au service de l'armée navale, en leur accordant des fonctions et des grades supérieurs à ceux qui leur appartiennent d'après l'organisation de la Marine, et l'inscription maritime ; enfin par des promesses exagérées et l'espoir de gros profits.

Ces augmentations de payes et de grades, une manière d'être moins subordonnée, et même quelquefois licencieuse, sont cause que de tels marins ne servent plus de bon gré sur les vaisseaux de guerre, où tel, qui était lieutenant sur un corsaire, ne serait qu'officier marinier, le maître d'équipage ne serait qu'un quartier-maître, etc. De tels hommes sont comme perdus pour la Marine militaire, ou ils n'y sont plus que de mauvaise volonté; ils y portent un esprit de licence et d'insubordination très-nuisible, et difficile à réprimer.

Un autre grand inconvénient de ce système des armements de Corsaires est de démoraliser, plus que toute autre circonstance, la partie de la nation qui a quelque rapport à la Marine; ce sont des sacrifices d'argent pour suborner les gens, pour obtenir des lettres de marque, ou des permissions d'armer en course; ce sont des actions ou parts gratuites données à divers agents qui peuvent protéger l'armement, et lui procurer des facilités, même aux dépens du service de l'État; ce sont des comptes infidèles rendus par les géreurs de l'armement, tant relativement aux dépenses, aux achats et aux approvisionnements, que pour les produits et répartitions des prises.

Je n'entrerai pas dans des détails assez sentis par les hommes honnêtes qui connaissent ce genre de choses, et qui savent combien il y a de gens que l'habitude et la pratique de semblables opérations, fondées uniquement sur l'amour de l'or, sur la rapine et la licence, perdent et corrompent pour jamais.

On sait assez que les opérations de la Marine de l'État sont sans cesse empêchées et gênées en temps de guerre, par la disette et la désertion des Matelots, occasionnées par de trop nombreux armements de Corsaires; les Administrateurs de la Marine, sur-tout, le savent.

Je ne veux pas, de tout ce qui vient d'être dit, conclure qu'il ne faut pas faire des armements en course pour nuire au commerce de nos ennemis; je le trouve, au contraire, très-à-propos. Mais comment organisera-t-on un bon systême d'opérations? Je tâcherai de répondre à cette question d'une manière satisfaisante.

Je ne veux pas parler à des hommes avides de gain, et à qui les richesses, de quelque manière qu'elles soient acquises, tiennent lieu de vertu : ceux-là peuvent se dispenser de me lire. Je parlerai à ce petit nombre d'hommes choisis, éclairés et vertueux, qui occupent les emplois qui ont rapport à cet objet, dans le Gouvernement, ou à ceux de même espèce qui, par leur situation, peuvent influer sur les déterminations législatives.

C'est (comme je l'ai dit) lorsqu'on est en guerre, au Gouvernement de l'État à faire la guerre : il ne doit pas en confier le droit à tous les citoyens et spéculateurs particuliers, même au premier venu qui, par intrigue ou par argent, obtient des lettres de marque, et se procure, par un projet souvent captieux, une réunion d'actionnaires pour former les fonds d'armement d'un petit corsaire.

Réfléchissons à ce que l'on dirait si (dans la guerre de terre) par une manière absolument analogue, on permettait à tout particulier de lever une troupe de vingt-cinq, cinquante ou cent hommes, de les armer, et de courir à son gré les campagnes ennemies, pour en rapporter du butin ? C'est un brigandage que le droit des gens, les lois de la guerre, et la politique raisonnable ne pourraient permettre. Eh bien! vous faites tous les jours la même chose sur mer, sans que personne ait l'air de s'en formaliser.

Organisez des armements en course, et réglés, par des instructions bien concertées, sous l'autorité du Ministre de la Marine, d'après la connaissance de la situation et des projets des ennemis, avec des moyens en grand et des combinaisons bien faites; dirigez ces opérations avec le secret convenable. Ces armements seront sous le commandement d'Officiers de Marine choisis et dignes de confiance, par leurs grades, leur expérience et leurs principes.

Tous les Marins étant pour ces armements, comme pour les autres armements de l'armée navale, maintenus aux ordres du ministère de la Marine, auront dans ces vaisseaux croiseurs les mêmes grades, la même paye, les mêmes conditions d'avancement, et le même traitement qu'à bord des autres plus grands bâtiments de guerre : et par ce moyen la subordination ne sera aucunement dérangée.

Couvrez ainsi la mer de petits bâtiments, frégates, corvettes et autres, dont la marche sera connue. L'État ayant à son service les meilleurs constructeurs, est mieux que les particuliers dans le cas de n'employer à ces opérations que des bâtiments de choix.

Que les lois relatives à la gestion des prises soient strictement observées; que l'apposition des scellés à bord, et toutes les opérations d'emmagasinage, et autres mesures qui peuvent concourir à la régularité de cette gestion, soient faites avec une sévère exactitude, et avec toutes les précautions qui peuvent assurer que rien n'en sera détourné; que les répartitions soient faites promptement et exactement aux Marins, de leurs parts de prises.

Non-seulement la part attribuée aux Invalides serait assurée; mais il conviendrait d'affecter une autre quotepart sur les prises maritimes, pour le trésor national et le département de la Marine, de telle manière et en telle proportion que cette retenue pût servir à couvrir les dépenses d'armements de tous ces bâtiments croiseurs: cette partie étant justement et sévèrement administrée, on trouverait, dans une mince quote-part, des produits suffisants pour mettre la Marine à même de faire, sans frais, beaucoup de mal à l'ennemi.

CHAPITRE DOUZIÈME.

TROUPES DE LA MARINE.

La Marine militaire doit avoir à son service une certaine quantité de soldats destinés à être embarqués, par détachements, sur les vaisseaux et frégates, pour en former la garnison : ils y servent principalement la mousqueterie et le canon dans un combat : ces troupes doivent être exercées en conséquence, et aussi à la manœuvre.

Ces troupes, formées par bataillons tirés de la même manière qui est réglée par la loi pour le recrutement des armées de terre, et de volontaires pris au voisinage des ports et des côtes, seront commandées par des Officiers de la Marine : elles doivent être casernées dans les principaux ports où on entretiendra un ou deux vaisseaux de garde, et dans lesquels on fera des armements.

Ces soldats peuvent être appelés convenablement *Canonniers* ou *Artilleurs marins*. En effet, étant destinés à être Canonniers et Matelots au besoin, on doit leur apprendre tout ce qui est relatif à ces exercices et autres auxquels on les emploie dans le cours de leurs services.

L'Officier commandant le port, et les vaisseaux de garde qui y sont affectés, ayant ces troupes sous ses ordres, devra les inspecter fréquemment, en les faisant passer tour-à-tour, par une ou plusieurs compagnies, sur les vaisseaux pour être exercées au canonnage, à la mousqueterie, aux armes blanches, aux abordages, aux branle-bas, à des simulacres de guerre, et de descentes dans les canots et chaloupes, etc.

Il paraît inutile, dans une telle disposition, d'avoir un État-Major somptueux et chèrement payé pour être particulièrement attaché à ces troupes. Les Officiers de la Marine, sur-tout ceux qui commandent les ports et les vaisseaux de guerre, et les Officiers en activité à leurs ordres dans chaque port, seront naturellement et plus utilement chargés de cette fonction, tant en paix qu'en guerre.

Celui des membres du Conseil de Marine qui sera chargé de l'inspection des ports, à-peu-près une fois par an, ou tel autre Officier-Général, destiné de temps en temps à cet effet, prendra particulièrement connaissance de ces troupes, et en rendra compte au ministère.

Il serait à souhaiter que ces troupes fussent augmentées au besoin, et amalgamées avec les apprentis canonniers que l'on tire de tous les ports de l'arrondissement, par la voie de l'inscription maritime, par tours, pour les instruire dans les ports, que ces derniers fussent pendant leur activité et leur séjour dans les ports, assimilés, institués et exercés comme les troupes.

On suppose qu'il y aura cent compagnies de Canonniers marins, commandées chacune par un Lieutenant de vaisseau, Capitaine de compagnie, avec un Enseigne de vaisseau qui en sera le Lieutenant. Elles seront composées chacune d'un Sergent-Major, de quatre Sergents, huit Caporaux, dix-huit Canonniers de 1re classe, dix-huit de 2e, et vingt de 3e classe, un maître Armurier et deux Tambours, total soixante-douze hommes; et pour la totalité des cent compagnies, sept mille deux cents hommes au complet.

Comme il n'est pas moins intéressant de conserver, d'exercer et d'entretenir un nombre de maîtres et de seconds-maîtres Canonniers, qui autrement restent sans activité en temps de paix , comme aussi de former un nombre de Canonniers de l'inscription maritime , sur lesquels on puisse compter en temps de guerre ; on pense qu'il sera à propos de former autant d'escouades d'Apprentis-Canonniers , qu'il y a de compagnies de Canonniers marins , c'est-à-dire cent ; et de les répartir en quantités semblables dans chaque arrondissement.

Chaque escouade aurait , pour la surveiller et commander un Lieutenant et un Enseigne de vaisseau ; on la composerait d'un Maître et d'un second Maître Canonnier , d'un chef de pièce , et vingt-cinq Apprentis-Canonniers ; ce qui ferait en tout deux mille huit cents hommes , y compris les Maîtres. En temps de guerre , lorsque ces escouades seraient commandées pour le service des armements , chacune d'elles serait réunie à une des compagnies de Canonniers marins.

En temps de paix , on n'aurait besoin de solder que la moitié , tout au plus , de ces troupes et des Apprentis-Canonniers ; ces derniers sur-tout , n'étant commandés que par tours , et pour des temps limités pour leur instruction , dans les ports d'armement.

Ainsi on ne solderait , en temps de paix , que 3600 Canonniers marins , et 1400 Apprentis-Canonniers.

CHAPITRE TREIZIÈME.

OFFICIERS DE SANTÉ ET HÔPITAUX.

Il est nécessaire, sans doute, de solder et entretenir constamment, pour le service des ports et de l'armée navale, un nombre suffisant de Médecins, Chirurgiens et Pharmaciens, d'avoir les plus grandes attentions pour que le choix de ces hommes utiles et précieux, soit excellent.

Mais il paraît inutilement dispendieux, d'avoir des écoles ou colléges de Médecine, et une pépinière d'élèves attachés spécialement à la Marine dans chacun des grands ports d'armement, comme cela se pratique et s'est pratiqué depuis long-temps. Le but salutaire qu'on se propose, qui est d'avoir un excellent choix d'Officiers de santé, sera bien mieux et économiquement rempli, en prenant au concours, et d'après des rapports assurés sur leur capacité, de jeunes élèves des colléges ou écoles de Médecine, de Paris, de Montpellier et autres villes principales de France, à fur et mesure que le service de la Marine, des Colonies, et de l'armée navale, exigera des augmentations ou des remplacements.

Ce qu'il est indispensable d'entretenir en tout temps au service, ce sont, un premier et un second Médecin, et quelques Chirurgiens, pour former un Conseil de santé dans chaque grand port d'armement, et dans les Colonies importantes, pour y soigner et surveiller les hôpitaux, et les malades en ville, appartenant au service de la Marine.

Il faut aussi, dans chaque grand port, un certain nombre de Chirurgiens embarquants, qui soient en même temps instruits de la médecine, afin d'en fournir aux bâtiments armés.

On destinera également un Médecin et un ou deux Chirurgiens, dans chaque port secondaire, pour le service des hôpitaux maritimes, et des malades appartenants à ce même service : dans l'un et dans l'autre cas leur service étant gratuit exige qu'ils soient traités convenablement et libéralement.

Les administrateurs chargés des hôpitaux s'entendant avec les Officiers de santé pour une bonne direction, et un bon choix des employés subalternes, on trouvera une grande amélioration et en même temps beaucoup d'économie.

CONCLUSION.

Après avoir exposé succinctement les principales bases sur lesquelles on pense que le département de la Marine doit être régi, pour le plus grand avantage de l'État, et la prospérité du commerce maritime, il sera à propos de chercher à quelle somme pourra monter la dépense annuelle de ce département, en conformité de ces vues.

Le titre d'aperçu mis à la tête des calculs qui vont suivre, et la nature même de la chose, disent assez que l'on ne se propose pas de présenter ici un résultat rigoureux et invariable : on peut aisément supposer du plus ou du moins à chaque article, soit dans le nombre des individus à employer et solder, soit dans le taux de leurs appointements; on peut augmenter ou diminuer les projets quant au nombre des constructions et des armements : on peut faire des efforts plus ou moins grands pour l'augmentation de nos Colonies et de notre commerce maritime. Toutes ces hypothèses différentes amèneraient des résultats différents.

On ose cependant assurer, avoir indiqué ici, soit dans les dépenses variables, soit dans celles déterminées, d'assez fortes sommes, et des moyens suffisants pour avoir une Marine respectable, et toujours croissante.

On trouvera peut-être qu'il y a presque par-tout un trop petit nombre d'individus pour remplir un grand service. J'observerai à cet égard que si l'on a attention à bien choisir les hommes, un bon chef, un surveillant, bien actifs, et connaissant parfaitement ce qu'ils ont à faire, valent mieux que dix mal disposés, indolents et manquant d'instruction. J'observerai que dans le port de Portsmouth, la Marine Anglaise n'entretient que dix-neuf personnes salariées fixément, depuis le Commissaire résidant, jusqu'au concierge ou garçon de bureau, Si nous ne pouvons pas parvenir à imiter complètement une si étonnante simplicité, on peut du moins chercher à y tendre : on doit convenir que nous admettons une trop grande superfluité d'employés, qui deviendraient peut-être nécessaires de plus en plus, par le défaut de soin dans la formation et l'encouragement des sujets capables, dans les emplois d'administration, ou des arts relatifs à la Marine, en mettant de l'indifférence ou de la partialité dans les destinations, nominations d'emplois et avancements.

Un bon administrateur est un être très-précieux à l'État ; et une conduite négligente dans ces choix, destinations et avancements, finirait par faire tomber dans la nullité et dans le mépris une profession qui peut con. tribuer essentiellement à améliorer les finances, opérer de grandes choses avec des dépenses modérées, et rétablir en un mot notre Marine.

On a été bien éloigné, dans ces calculs, de chercher, par une économie sordide et mal entendue, à diminuer au-delà des bornes raisonnables, les dépenses du corps militaire de la Marine, et le nombre de ses individus. Ce n'est, ni dans le moment d'une guerre, ni même en temps de paix, que l'on doit jeter l'effroi, le découragement et le désespoir dans les ames de ces hommes précieux.

Il y a sans doute, dans cette principale partie du service des améliorations à opérer, des réformes et des changements essentiels à faire, mais il ne convient jamais de les faire brusquement ; il faut y procéder par des examens attentifs, petit à petit et successivement ; c'est sur-tout dans le temps de paix que l'on peut travailler à ce choix et régénération sans léser personne ; parce qu'alors le commerce maritime, offrant des ressources multipliées à l'industrie nationale, peut employer un nombre d'officiers marins, de ceux dont on serait dans le cas de diminuer une liste de la Marine trop nombreuse : alors on soulagera le trésor d'une partie de cette dépense, soit en diminuant le nombre, soit en retranchant les appointements de ceux qui obtiendraient des congés, pour s'occuper à des opérations commerciales et lucratives, soit en en mettant une partie à la demi-solde.

Ce n'est pas, d'ailleurs, dans cette partie que se trouve le vice des dépenses exorbitantes et illicites dont on a eu souvent raison de se plaindre. Dans tous les cas, on jugera qu'il n'est ni décent, ni convenable de faire porter la réforme dans le but d'obtenir une mince économie sur quelques Officiers-Généraux qui se sont rendus recommandables par une longue suite de services ; et que l'honneur de la France exige de laisser terminer leur carrière dans un repos honorable, afin de les présenter à la jeunesse comme un exemple à suivre, et comme un encouragement.

APERÇU

DES DÉPENSES PRÉSUMÉES NÉCESSAIRES

Pour le service de la Marine, conformément aux vues proposées dans le précédent mémoire.

ARTICLE PREMIER.

MINISTÈRE ET CONSEIL DE MARINE

OU

ADMINISTRATION CENTRALE.

On observera que plus de simplicité dans les formes, et la suppression d'une vaste quantité d'écritures et de papiers inutiles, doivent diminuer beaucoup la dépense des bureaux.

Au Ministre, appointements, indemnités, etc. 200,000 $^{fr.}$

Sept membres du Conseil de Marine, avec
    8000 fr. de supplément (ce qui doit suffire,
    attendu que tous jouiront en même temps
    des appointements de leurs grades respectifs. 56,000

256,000

De l'autre part , 256,000fr.

Le Secrétaire de ce Conseil, pris dans les bureaux de la Marine, avec supplément de. 6,000

Frais de bureau, fourniture et chauffage dudit Conseil.......................... 12,000

Six chefs de division des bureaux de la Marine, à 12,000 fr. chacun............. 72,000

Appointements des Sous-Chefs et des Commis des bureaux de la Marine, frais de bureaux, luminaire, chauffage, y compris le bureau des archives de la Marine net des Colonies à Versailles.......................... 400,000

Le dépôt des cartes et journaux de la Marine, tout compris....................... 64,000

TOTAL de la dépense présumée de ce premier article...... 810,000fr.

ARTICLE DEUXIÈME.

CONSTRUCTIONS, RADOUBS, ATELIERS ET TRAVAUX DES PORTS.

Pour la construction annuelle de trois vaisseaux, cinq frégates, de cinq bâtiments légers, comme corvettes, avisos, gabares, brigantins, etc., y compris celle des pontons, chalans et autres nécessaires au mouvement intérieur des ports, avec tous les frais accessoires de chantiers et ateliers...   fr. 10,600,000

Pour le radoub et entretien de la totalité des bâtiments, à un dixième de leur valeur primitive............................. 1,060,000

11,660,000

Ci-contre. 11,660,000 fr.

Pour la garde et surveillance des vaisseaux désarmés, qui sera confiée dans les ports, aux ordres des Officiers commandants, à des Matelots-gardiens, dont la paye et la dépense seront comptées à part ci-après ; la dépense matérielle de cette partie d'entretien et de propreté, ne devra consister qu'en quelques carènes de port, peintures, calfatages, dispositions de quelques planches et prélarts pour leur conservation : on pense que c'est évaluer amplement cette dépense, en y comprenant ce qui concerne les petites embarcations et les machines flottantes des ports, que de la porter à............ 600,000

Pour le dépérissement de la mâture, des divers agrès et apparaux des vaisseaux..... 500,000

Pour l'approvisionnement ordinaire d'artillerie, en supposant l'armement des vaisseaux existant au complet.................... 400,000

Total de la dépense du 2ᶜ article. 13,160,000 fr.

ARTICLE TROISIÈME.

CHIOURMES.

Les Chiourmes étant retirées des ports, d'après les vues proposées au présent mémoire, il est ici seulement question de remplacer la dépense énorme qu'elles ont occasionnée à la Marine jusqu'à-présent, par un nombre suffisant de journaliers dont les journées et salaires se trouvent compris dans l'article des constructions, radoubs et travaux des ports : partant, le présent article n'est porté ici que pour.................... *mémoire.*

ARTICLE QUATRIÈME.

TRAVAUX HYDRAULIQUES.

Cette dépense est variable, d'après les besoins de chaque localité, et les projets plus ou moins étendus que l'on mettra au jour ; on ne peut la mentionner ici que par supposition, ainsi qu'il suit :

Quatre Ingénieurs en chef, à 8000 fr...... 32,000
Huit Sous-Ingénieurs à 4000 fr........... 32,000
Douze maîtres charpentiers, douze maîtres
    maçons et autres employés............. 35,000
Frais de bureaux et de gardiens.......... 28,000
Dépenses de divers travaux............. 1,500,000

    Total de la dépense du 4ᵉ article... 1,627,000fr.

ARTICLE CINQUIÈME.

ARMEMENTS.

On aura chaque année une escadre d'évolutions, composée de six grands et petits bâtiments, sortant de chacun des deux grands ports, et qui tiendra la mer pendant trois mois pour l'instruction des officiers, etc. ,

avec défense de faire aucune relâche. La dépense (qu'on
pourra utiliser en partie par quelque mission avantageuse
au service donnée à une partie des bâtiments, et pour
une partie du temps) montera à........ 2,800,000 fr.

Les stations servent peu à l'instruction
des Officiers : elles sont un prétexte d'avancement, sans avoir procuré l'expérience nécessaire. Ces stations seront avantageuse-
ment remplacées, en partie du moins, dans
les Colonies, par des bateaux de douane,
employés à empêcher la contrebande et les
communications illicites, qui tiendront la
mer le long des côtes, et rempliront un
service très-actif : ils seront commandés par
des Lieutenants ou des Enseignes, armés
de Marins européens et créoles par moitié.
On suppose que cette dépense, aux îles
du vent pourra monter à 80,000, et autant pour les îles de Bourbon et comptoirs de l'Inde........................ 160,000
Pour la dépense d'une ou deux corvettes
  armées pour le service du Sénégal, Gorée et côtes d'Afrique................. 40,000
La station de la Méditerranée devra être
  continuée, attendu les forbans qui in-
  festent cette mer ; elle peut être rendue
  active par des instructions raisonnées et
  des missions utiles données aux Officiers.
La dépense sera de.................... 400,000
Armement d'une frégate et d'une corvette
  pendant six mois, pour les colonies et
  pays lointains...................... 130,000

Total de la dépense du 5ᵉ article.. 3,530,000 fr.

. On observera qu'en sus de ces armements, on pourra avoir un nombre de flûtes ou gabares armées, sans rien dépenser de plus, en faisant exécuter les transports, soit aux Colonies, soit des munitions navales, par des bâtiments de l'État; et en affectant à ce chapitre, ce qui se dépense en frets et transports.

Ce calcul, très-haut pour les temps de paix, se trouverait insuffisant en temps de guerre; mais on pourra augmenter cette dépense au besoin, à proportion des projets d'expéditions ou d'opérations hostiles, si la guerre survenait.

ARTICLE SIXIÈME.

ADMINISTRATION DES PORTS ET ARSENAUX.

1° *Brest et Toulon.*

La régie des deux grands ports (Brest et Toulon), sera confiée à un chef unique, que l'on nommera, si on veut, Préfet maritime, Ordonnateur, ou Directeur-Général, lequel sera responsable au Ministre. Ses appointements seront de. . . . . 20,000 fr.

Un Contrôleur avec appointements de. . .   10,000

Trois Commissaires dans chacun de ces ports, à 6,000 fr. 18,000

Six Sous-Commissaires à 4000 et à 3000 fr.   21,000

Cinquante Agents comptables, destinés principalement à être embarqués sur les bâti-ments armés : en temps de paix une bonne partie d'entre eux seront employés dans les bureaux, à 2000 fr. chacun. 100,000

169,000 fr.

Ci-contre. 169,000 fr.

Un Garde-Magasin.   4,500

Un Ingénieur-Constructeur en chef.   10,000

Trois Sous-Ingénieurs à 4000 fr.   12,000

Un Capitaine de port.   6,000

Un Maître d'équipage , un Maître calfat, un
    Maître charpentier, un Maître voilier , un
    Maître tonnelier, et un Maître forgeron
    du port, ensemble.   7,200

Frais de bureaux et de commis, dont on
    supposera qu'un nombre de vingt-quatre
    suffira pour chacun de ces grands ports,
    en y ajoutant le service des Agents comp-
    tables non embarqués (ou ceux qu'on pren-
    dra au besoin à leur place, lorsqu'ils iront
    à la mer) sur les fonds destinés à leurs
    appointements , et comptés ci-dessus ,
    lesquels alors passent sur la dépense des
    armements   45,000

Trente-trois Gardiens de bureaux , de ma-
    gasins et d'ateliers, portiers et consignes. .   25,000

Détail de l'artillerie du port.

Un Lieutenant de vaisseau, retiré.   6,000

Deux Commis et un Garde-Magasin.   7,600

Un premier et un second Maître-Canonnier.   2,700

Un Maître fondeur, un Foreur et un Armu-
    rier.   4,200

Deux Gardiens ou Portiers.   1,250

    TOTAL pour un de ces deux ports.   300,450

Et pour les deux ports de Brest et de Toulon. 600,900 fr

8

2° *Rochefort , Lorient et Cherbourg.*

Les ports de Rochefort et de Lorient ne servant pas aux grands armements , de même que celui de Cherbourg, mais seulement pour des frégates et corvettes, et pour des relâches , seront susceptibles d'une moindre dépense, ainsi qu'il suit :

Un Ordonnateur........................	15,000fr.
Un Contrôleur..........................	6,000
Deux Commissaires à 6000 fr............	12,000
Quatre Sous-Commissaires	12,000
Un Ingénieur-Constructeur et un Sous-Ingénieur..............................	9,000
Huit Agents comptables ou Commis, et un Garde-Magasin.......................	19,000
Un Maître et un second Maître de port....	4,000
Cinq autres maîtres ou Chefs d'ateliers.....	5,600
Secrétariat, frais de bureaux et de Commis.	30,000
Seize gardiens , portiers ou consignes......	10,800
	123,400 fr.

Détail de l'artillerie.

Un Lieutenant de vaisseau retiré.	3,000
Un Garde-Magasin et deux Commis.	6,400
Un Maître et un second Maître canonnier.....................	3,000
Un Maître fondeur , un foreur, un Maître armurier...............	4,500
Deux gardiens ou portiers........	1,500
	18,400

Total de la dépense d'un de ces ports... 141,800 fr.

Et pour les trois ports désignés ci-dessus, la somme totale de.................... 425,400 fr.

3° Les cinq ports de troisième ordre, où l'on aura seulement des chantiers de constructions pour frégates, gabarres, corvettes, brigantins, et autres bâtiments légers; savoir: Dunkerque, le Hâvre, St-Servan, Bayonne et Port-Vendre, seront administrés ainsi qu'il suit :

Un Ordonnateur..........................	10,000 fr.
Un Contrôleur........................	4,500
Un Commissaire et deux Sous-Commissaires.	10,800
Un Ingénieur-Constructeur...............	3,600
Un Garde-Magasins et deux Agents-Comptables	7,000
Un Maître de port et cinq autres Maîtres, chefs d'ateliers...........................	9,000
Commis et frais de bureaux...............	7,200
Dix Gardiens, Portiers et Consignes........	6,800
	58,900 fr.

Artillerie.

Un Officier retiré ayant pour supplément.....................	1,800
Un Maître canonnier et deux Chefs d'ateliers......................	5,200
Un Garde-Magasin, un Commis et deux Gardiens	4,800
	11,800

Total de la dépense de chacun des cinq ports ci-dessus.............	70,700
Et pour les cinq ensemble la somme de.....	353,500 fr.

4° Bordeaux.

Pour la protection du commerce maritime, les approvisionnements, et la correspondance relative aux Colonics, et aux ports et arsenaux , et pour la surveillance de l'inscription maritime.

Un Commissaire-Ordonnateur................ 12,000 fr.
Frais de bureaux et de secrétariat, avec quatre
  Commis, ensemble...................... 14,000
Un Contrôleur........................... 4,500
Un Sous-Commissaire.................... 3,600
Un Garde-Magasin....................... 3,000
Six Gardiens ou Portiers................. 4,300

                                          41,400 fr.

5° *Nantes, Marseille et Bastia en Corse.*

Un Commissaire-Ordonnateur, pour appoin-
  tements............................... 10,000
Secrétariat et frais de bureaux............ 4,800
Un Garde-Magasin...................... 3,000
Deux Gardiens ou Portiers............... 1,400

    Dépense de l'un de ces ports....... 19,200

    Et pour les trois ensemble.......... 57,600 fr.

Inspection et garde des forêts appartenant à la Marine, et surveillance des arrondissements forestiers.

Douze Ingénieurs-Constructeurs destinés à
  ces fonctions, pour tous appointements, frais
  de bureaux et de voyages, ensemble...... 144,000
Douze Maîtres charpentiers, et autant de Gardiens................................ 26,000

    TOTAL............................ 170,000 fr.

Récapitulation des dépenses de l'Article 6.

1.º Brest et Toulon...................... 600,900 fr.
2.º Rochefort, Lorient et Cherbourg...... 425,400
3.º Dunkerque, le Hàvre, St-Servan, Bayonne
    et Port-Vendre...................... 353,500
4.º Bordeaux......................... 41,400
5.º Marseille, Nantes et Bastia........... 57,600
Inspection et garde de forêts........... 170,000

    TOTAL de la dépense du sixième article. 1,648,800 fr.

ARTICLE SEPTIÈME.

INSCRIPTION MARITIME.

La dépense totale de cet article, en appointements de Commissaires, de Sous-Commissaires, Gendarmes, Gardiens et autres employés, frais de voyage et d'inspection, est susceptible de monter à une somme de.. 240,000 fr.

ARTICLE HUITIÈME.

COMMERCE MARITIME ET CONSULS DE FRANCE, EN PAYS ÉTRANGERS.

Sans entrer dans une liste nominative de tous les Agents et de divers pays où ils sont entretenus, il suffit de dire que, si on rend cette partie au département de la Marine, duquel elle n'aurait jamais dû être distraite, on transportera la dépense d'un département à l'autre, à

peu de chose pres, telle qu'elle se trouve actuellement
réglée ci. . . . . *mémoire.*

ARTICLE NEUVIÈME.

COLONIES.

*La Martinique et la Guadeloupe avec ses dépendances ,
qui sont les Saintes , Marie-Galante , la Desirade et la
moitié de l'île Saint-Martin.*

Ces Colonies qui sont en pleine valeur et parfaitement tranquilles, peuvent se suffire à elles-mêmes, sur-
tout dans un temps de paix, par les droits de capitation,
les droits de Douane, et autres usités: cependant, comme
il est utile et prudent d'entretenir des garnisons suffisantes dans chacune de ces îles, et sur-tout à la Martinique; et comme aussi il peut y avoir des vues d'amélioration et d'augmentation, il est de la sagesse et de la
bienfaisance du gouvernement, de rendre le fardeau des
impôts le moins lourd possible aux colons. Je propose,
en conséquence, d'accorder pour le service de ces Colonies, des fonds du trésor de France; qui en sera
complètement couvert par les produits des droits de
douane sur les denrées coloniales, provenant de ces
îles dans les ports de France; et je supposerai cette
somme de dépense à allouer pour ces Colonies, dont
le chef-lieu sera à la Martinique, un million et demi,
ci. . . . . 1,500,000fr.

LA GUIANE FRANÇAISE.

La Guiane Française peut aisément fournir par ses
recettes locales à ses dépenses. Ces recettes consistent
dans les droits de Douane , et autres usités , capitations

etc., dans les produits d'une habitation de gérofliers, et d'une sucrerie appartenant à l'État. Néanmoins, comme il est convenable de donner de l'essor à diverses vues d'amélioration, de la plus grande importance, dont ce vaste pays est susceptible, on proposera d'accorder pour cet objet........................ 5oo,ooofr.

SÉNÉGAL, GORÉE, CAP VERD, ET CÔTE ORIENTALE D'AFRIQUE.

Ces possessions, par leur plus grand rapprochement de la métropole, pourraient obtenir une grande préférence, si le climat en était moins brûlant, et les terres plus franches et plus fertiles. Elles offrent des objets précieux aux spéculations du commerce Maritime.

On supposera pour la dépense de ces Colonies, en raison aussi de nouveaux établissements à former et à encourager, une somme de six cent mille fr., ci 6oo,ooofr.

ÎLE DE BOURBON, MADAGASCAR, ET CÔTES OCCIDENTALES D'AFRIQUE.

Nous possédons dans cette mer orientale d'Afrique l'île de Bourbon, qui doit à-peu-près suffire par elle-même à ses dépenses, par le moyen des impôts établis et usités dans toutes les Colonies : mais, comme il est possible d'espérer que l'on pourra suivre des projets depuis long-temps existants de former des établissements de culture et de commerce dans cette grande et belle île de Madagascar, qui en est assez voisine, et où les Français ont toujours été bien vus des naturels du pays, de même que sur la côte orientale d'Afrique, dans des positions connues et favorables ; il paraît à propos, pour faciliter autant que possible la mise à exécution de pareilles vues, d'accorder une somme de..... 3oo,ooofr.

PONDICHÉRY.

Et autres Comptoirs et établissements français dans les Indes orientales, à la côte de Malabar, de Coromandel, et au Bengale.

Ayant été à même de voir et de connaître les moyens les ressources, l'utilité, les revenus et les produits de ces divers établissements pendant une mission supérieure que j'y ai exercée, je puis certifier qu'ils peuvent, dans leur état actuel, suffire à toutes les dépenses locales de gouvernement et d'administration. Je puis même assurer que, si le gouvernement veut donner de l'exécution aux moyens qui peuvent être développés au besoin, on y trouvera des ressources suffisantes, pour nous y tenir dans une situation respectable et imposante : ce n'est pas ici le lieu d'en dire davantage.

Supposons néanmoins, pour fournir aux dépenses qui se font ordinairement à Paris, en avances d'appointements, frais de voyages, indemnités, et autres dépenses coloniales ayant rapport à ces établissements, une somme annuelle de..................... 4oo,ooofr.

SAINT-PIERRE, ET MIQUELON.

Ces îles, au voisinage des parages de la pêche de la morue, sont destinées à donner asyle et protection aux bâtiments faisant cette exploitation, on supposera la dépense de leur entretien, et d'une force armée suffisante, à.. 2oo,ooofr.

Il convient encore d'allouer au ministère pour les dépenses à faire à Paris pour le service de toutes les autres colonies, outre celles des Indes orientales, une somme annuelle pour fournir aux avances d'appointements, aux indemnités et frais de voyage, etc., une somme annuelle de...................... 400,000fr.

RÉCAPITULATION

De la dépense annuelle des Colonies, ou du 9ᵉ article.

La Martinique, la Guadeloupe et dépendances 1,500,000fr.
La Guiane française..................... 500,000
Le Sénégal, Gorée, et côte occidᵉ d'Afrique. 600,000
L'île de Bourbon, Madagascar, et côte orientale d'Afrique......................... 300,000
Pondichéry et comptoirs de l'Inde........ 400,000
Saint-Pierre, et Miquelon................ 200,000
Dépenses coloniales à Paris............. 400,000

    Total de la dépense du 9ᵉ article... 3,900,000 fr.

ARTICLE DIXIÈME.

CORPS MILITAIRE DE LA MARINE.

Deux amiraux à 24,000fʳ·................ 48,000 fr.
Six Vice-Amiraux à 18,000.............. 108,000
Douze Contre-Amiraux à 12,000......... 144,000
80 Capitaines de Vaisseau à 6,000........ 480,000
100 Capitaines de frégate à 3,6000........ 360,000

                1,140,000fr.

De l'autre part, 1,140,000fr.

500 Lieutenants de vaisseau, dont cent à
   3,000 ; cent à 2,400 et 300 à 2,000....   1,140,000
500 Enseignes de vaisseau à 1,200........ 600,000
Dépense de deux cents élèves et des écoles
   et professeurs d'hydrographie et de navigation.................................... 200,000
                                                 3,080,000fr.

COMMANDEMENT DES PORTS ET VAISSEAUX DE GARDE.

Aux commandants des ports de Brest et de
   Toulon, ayant leur pavillon à bord du
   premier vaisseau de garde, supplément
   d'appointements et autres dépenses quel-
   conques 12,000 fr. à chacun, et pour
   deux.. 24,000 fr.
                                                3,104,000 fr.

À ceux de Rochefort, Lorient et Cherbourg,
   pour *idem* à 8,000 fr. chacun........... 24,000
Il doit y avoir dans chacun des ports de
   Brest et de Toulon, un vaisseau et une
   frégate de garde, dont le commandement
   appartiendra au commandant du port,
   avec un capitaine de pavillon sur le vaisseau, et un autre capitaine sur la frégate,
   avec quelques lieutenants, quelques enseignes et un petit nombre de marins : on
   y fera des exercices de manœuvre et de
   canonnage, etc.
Dans les trois autres ports derniers nommés,
   il y aura seulement une frégate de garde,
   armée de même, et pour le même objet.
                                                3,128,000fr.

Ci-contre. 3,128,000 fr.

Les capitaines de vaisseau commandant en second sur les vaisseaux, et ceux des frégates
de garde à Brest et à Toulon, auront pour
toute indemnité et supplément quelconque,
une somme de 6,000 fr. chacun, faisant
pour les quatre...................... 24,000 fr.

Vingt lieutenants embarqués sur les deux
vaisseaux et les cinq frégates de garde, à
chacun pour supplément 1,000 fr....... 20,000

A vingt enseignes embarqués *idem*, à chacun
600 fr. de supplément................. 12,000

Solde des équipages des deux vaisseaux.... 75,000

Idem des frégates...................... 90,000

Les rations desdits équipages............ 160,000

Dépenses extraordinaires de luminaire, et us-
tensiles, ensemble..................... 30,000

Dépense des matelots gardiens de tous les
vaisseaux désarmés, des Maîtres charpentiers et calfats affectés à cet entretien, et
à la conservation des bâtiments de l'armée
navale, ensemble..................... 325,000 fr.

TOTAL de la dépense du corps militaire
de la marine ou du dixième article.. 3,864,000 fr.

ARTICLE ONZIÈME.

TROUPES DE LA MARINE : CANONNIERS MARINS, OU BATAILLONS D'ARTILLERIE DE LA MARINE.

On propose d'avoir cent compagnies de canonniers marins, dix desquelles étant réunies ensemble, formeront un pareil nombre de bataillons, que l'on répartira suivant les besoins du service, et principalement dans les deux grands ports de Brest et Toulon, et dans ceux de second ordre, Rochefort, Lorient et Cherbourg.

Chaque bataillon aura un état-major peu nombreux et peu coûteux, pour inspecter le corps, surveiller les exercices, la bonne tenue, etc. La dépense de ces états-majors ne consistant qu'en suppléments d'appointements, indemnités et frais de voyage, ne doit pas excéder 12,000 fr. par an, pour chaque bataillon; ce qui fera pour les dix........................... 120,000 fr.

Dépense d'une compagnie.

Un Lieutenant de vaisseau faisant le
   service de Capitaine, pour supplé-
   ment...................... 1,000 fr.
Deux Enseignes, faisant fonction de
   Lieutenants de compagnie pour *id.* 1,200
Un Sergent-Major............ 600
Quatre Sergents à 330........ 1,320
                                      4,120 fr.

(115)

Ci-contre. 120,000 fr.

En dedans de la ligne. 4,120 fr.

Huit Caporaux à 258 fr......... 2,064
Quarante-six Canonniers, ensemble. 8,280
Un Maître armurier............ 308
Deux Tambours............... 440

ToTAL d'une compagnie.... 15,212 fr.

Et pour les cent compagnies......... 1,521,200 fr.
Masse générale, plus-value du pain,
    chauffage, luminaire, frais d'hô-
    pitaux, le tout évalué ensemble
    à............................... 720,000 fr.

2,361,200 fr.

Cent escouades d'Apprentis-Canonniers, en-
    tretenant, pour les diriger, cent Maîtres
    et cent seconds-Maîtres-Canonniers, ayant
    ensemble, pour appointements......... 125,000
Cent Chefs de pièces................. 30,000
Deux mille cinq cents Apprentis-Canonniers
    à 240 fr. par an................... 600,000
Pour les rations des hommes ci-dessus, les
    frais extraordinaires de conduite et d'hô-
    pitaux, ensemble................... 900,000
Frais de voyage et d'inspection de ces diverses
    troupes.......................... 22,800 fr.

ToTAL de la dépense du onzième article,
    Troupes de la Marine et Apprentis-
    Canonniers, en temps de guerre.. 4,039,000 fr.

ARTICLE DOUZIÈME.

DE DÉPENSES.

Objets généraux non compris dans les onze articles précédents.

Frais d'hôpitaux des Marins, observant que
la dépense d'hôpitaux pour les troupes et
les Apprentis canonniers, est portée à leur
article; et qu'ici on comprend la dépense
des écoles de médecine, des Conseils de
santé et appointements des officiers de
santé; pour quoi on portera........... 1,200,000 fr.
Signaux de côte....................... 350,000
Dépenses imprévues, demi-soldes, et objets
de prévoyance et de précaution, et pour
les événements et accidents imprévus, conduites, vacations, etc............... 1,000,000
Approvisionnements généraux et de précaution, pour donner de la latitude aux opérations, ci........................ 2,000,000
Bibliothèques de Marine, et encouragements
divers .... 100,000 fr.

4,650,000 fr.

RÉCAPITULATION.

Des dépenses de la Marine et des Colonies, que l'on présume devoir résulter, par approximation, de l'adoption des vues proposées au présent mémoire.

Art.   1er Ministère et Conseil de Marine, et administration centrale. . . . 810,000 fr.

Art.   2e Constructions, radoubs, ateliers et travaux des ports. 13,160,000

Art.   3e Chiourmes supprimées, pour.   *mémoire.*

Art.   4e Travaux hydrauliques. 1,627,000

Art.   5e Armements. 3,530,000

Art.   6e Administration des ports et arsenaux 1,648,800

Art.   7e Inscription Maritime. 240,000

Art.   8e Commerce Maritime et consulats de France. . . . .   *mémoire.*

Art.   9e Colonies. 3,900,000

Art.   10e Corps militaire de la Marine. . 3,864,000

Art.   11e Troupes de la Marine. 4,349,000

Art.   12e Objets généraux. 4,650,000

Total de la dépense Marine et Colonies, en temps de paix. . . . . 37,448,800 fr.

RÉSUMÉ FINAL

Et réflexions sur les résultats de l'adoption des vues présentées au précédent mémoire.

Il ne sera pas hors de propos de récapituler ici, pour conclure ce petit ouvrage, les avantages essentiels qui paraissent devoir être le résultat de l'adoption des différentes bases posées dans les chapitres ci-dessus, pour l'administration maritime.

1° Le ministère assisté d'un Conseil de Marine, composé des hommes les plus expérimentés et les plus instruits dans chaque branche de ce département, serait dirigé avec une plus constante méthode, et de ce foyer central, on verrait sortir des dispositions bien raisonnées, des encouragements pour les bons serviteurs de l'État, et la répression des abus.

2° Les constructions et travaux des ports bien dirigés, et avec économie, procureraient un accroissement certain au matériel de la Marine; des vaisseaux plus durables, et en même temps on épargnerait les forêts de France.

3° Les forçats ou criminels, retirés de la Marine à laquelle ils sont une charge nuisible à tous égards, seraient mieux contenus, et ceux susceptibles d'amendement, serviraient à former une colonie au loin.

4° Il y aurait des moyens constants et bien combinés, d'exercer et tenir en activité les officiers de Marine, et les Marins seraient bien exercés, et en même temps ménagés, bien traités et favorisés : par ces moyens l'inscription Maritime, ce régime, le mieux adapté de tous ceux usités, à une constitution libre, obtiendrait de nombreux accroissements.

5° L'administration des ports et arsenaux serait simple, et bien dirigée par des agents ou chefs uniques bien choisis ; et on économiserait un nombre de salaires inutiles.

6° Le commerce Maritime obtiendrait de grandes améliorations; et les opérations relatives aux approvisionnements des arsenaux de Marine, trouveraient plus de facilités et de l'économie.

7° Les Colonies ne pourront que croître et prospérer, par une attention donnée aux propositions énoncées à chaque article du chapitre *Colonies*, auquel on renvoie.

8° Le corps militaire de la Marine serait encouragé, bien composé et bien traité : il aurait de fréquentes occasions de s'exercer.

9° Ce corps militaire serait assisté d'une troupe parfaitement exercée au canonnage, à la mousqueterie, aux manœuvres et aux opérations maritimes.

10° Si le calcul exposé ci-dessus, qui présente, pour le temps de paix, une dépense annuelle de trente-sept millions et demi, a quelque exactitude, il est certain que, dans les temps de guerre, en y ajoutant quelques millions on pourra procurer des moyens suffisants aux opérations hostiles que l'on sera dans le cas d'entreprendre.

Je desire que les vues ci-dessus puissent obtenir l'approbation du Gouvernement, de manière à être mises en pratique, pour l'avantage et la gloire de la nation; que notre marine, qui a tous les éléments nécessaires pour une existence brillante et honorable, sorte enfin de la situation délaissée et de la nullité dans laquelle elle languit depuis si long-temps.

Le premier moyen pour parvenir à l'exécution de

cet utile projet, sera de proposer et d'obtenir une loi pour la composition d'un conseil de Marine ou d'Amirauté, pour assister le Ministre de la Marine, d'après les bases présentées au chapitre premier de cet ouvrage, page 27.

Ce conseil discutera, rédigera et proposera, par l'autorité et l'entremise du Ministre, les autres lois et règlements nécessaires pour l'établissement de la Marine de l'état dans les différents ports, et pour sa plus parfaite organisation et administration, pour la restitution au ministère de la Marine, de la surveillance et direction de tout ce qui intéresse le commerce maritime, et les consulats en pays étrangers, pour la suppression de l'emploi des Chiourmes dans les ports et arsenaux, et autres dispositions, dont on n'a pas jugé convenable de donner ici les détails.

Il sera sans doute trouvé avantageux à la chose, d'avoir à la tête de ce conseil de Marine ou d'Amirauté, comme Président honoraire et protecteur-né, le Prince Grand-Amiral de France, qui (lorsqu'il le jugerait convenable, et dans les occasions importantes) honorerait le conseil de sa présence et de son suffrage. Cette disposition attirerait sur la Marine une attention bien utile.

FIN.

TABLE

DES MATIÈRES

CONTENUES DANS LE PRÉSENT MÉMOIRE.

TABLE DES MATIÈRES.

FIN DE LA TABLE.